AF467613

Histoire

de la

Mission du Tinnévelly

par

P. P. Schaffter, V. D. M.

Missionnaire Evangelique de Palamcottah.

Publiée aux frais et en faveur de la Société des Missions évangeliques de Bâle.

Bâle,
de l'imprimerie J. J. Schweighauser.
1844.

Histoire
de la
MISSION DU TINNÉVELLY.

Chapitre Premier.

Introduction: Situation et climat de la Province. Produits. Population. Architecture. Animaux. Histoire et gouvernement. Les chastres et les castes. Sciences. Ethique. Philosophie. Mythologie. Idolâtrie et démonolâtrie. Les conséquences. Condition des femmes.

La province du Tinnévelly est la plus méridionale de celles de la grande presqu'île des Indes Orientales, les défilés d'Arambouly qui y aboutissent n'étant qu'à environ trois lieues du cap Comorin. Elle est située entre le 7me et le 10me degré de latitude septentrionale et a environ 47 lieues de longueur sur 25 à 30 de largeur. Au sud-ouest, elle est séparée par les hautes montagnes des Ghauts du royaume de Travancore et des côtes de Malabar. Au nord, elle a le royaume de Madura et le pays des Marrawas, et, à l'est, elle est séparée de l'île de Ceilan par le détroit de Manaar. Pendant les mois d'Avril et de Mai, il y règne une chaleur presqu'insupportable aux Européens; mais pendant les autres mois de l'année le climat est tempéré soit par les pluies périodiques qui ont lieu depuis le commencement de Septembre jusque vers la fin de Déccmbre, soit par la brise, ou vent de mer, qui règne depuis Janvier jusqu'en Mars, soit, enfin, par un vent qui pénètre dans le pays par les défilés de Quoïlone, et qui vient des côtes de Malabar, où, pendant les mois de Juin, Juillet et Août règne la saison des pluies. Pendant le mois de Mai, j'ai vu le thermomêtre, à l'ombre à 27½ degrés (Réaum.), et je ne l'ai jamais vu au dessous du 17me. Toute la province ne forme qu'une vaste plaine, arrosée par les deux belles rivières de Tambaravany et de Veiparou, qui prennent leur source dans les montagnes des Ghauts, traversent la province dans toute sa longueur et forment plusieurs lacs et plusieurs étangs, d'où l'eau, conduite par de nombreux canaux dans les plaines environnantes, sert à irriguer et fertiliser les terres, qui rapportent toutes les années deux récoltes de ris.

Dans les contrées au sud de la province, on cultive le Palmyra, arbre remarquable, qui croit droit comme un jonc à la hauteur d'environ soixante pieds et se termine par une cime, d'où sortent de tous côtés de longues feuilles disposées de manière à lui donner la forme d'une Valérianne. Le Palmyra est, dans ces endroits sablonneux, la principale et quelquefois l'unique ressource des habitans. Le bois sert à la construction des maisons, les feuilles en font la couverture. Avec la partie fibreuse des feuilles, on fait des nattes, des cordes et d'autres ouvrages. Le fruit est sain, succulent, et avec la sève, qui, depuis Février jusqu'en Juillet, découle en abondance des feuilles coupées de la cime, on fait du sucre, une espèce de pain et une liqueur forte. Les personnes, membres de la caste des Shanar, ont seules le droit de le cultiver.

Dans le nord, on cultive une excellente qualité de coton, des grains de différentes espèces et en grande abondance, et, le long des montagnes, il croit une grande quantité de café, que plusieurs préfèrent à celui de Mocha. Dans presque toute l'étendue du pays, on trouve des figuiers, manguiers, bananiers, orangers, amandiers, grenadiers, cocotiers et une grande variété d'autres arbres dont les fruits sont excellents et dédommagent abondamment l'Européen, qui réside dans ce pays, des pommes et des poires qu'il a laissées dans le sien. Les contrées occidentales, surtout, produisent du poivre, du piment noir et rouge, de la moutarde, du gingembre, du cardamome, des muscades, de la coriandre, de la cannelle, des cloux de girofle et d'autres épiceries; comme aussi des feuilles, de bétel, des noix d'arac et de l'aloës en abondance.

Il y a environ **700,000** habitants dans la province, qui parlent tous la langue Tamil, et qui, à cause de leur position rapprochée de l'Equateur, sont plus noirs que le reste des Indous. Ils sont d'une taille tant soit peu au-dessous de la moyenne. Les hommes ont pour tout habillement une pièce de toile blanche de coton attachée autour de leurs reins, descendant jusqu'aux genoux, et une autre de la même étoffe jetée négligemment sur leurs épaules et qui sert aussi à couvrir la tête. C'est là le costume national et complet des Indous, le même depuis plus de deux mille ans, et qui a obtenu un caractère sacré parmi eux, ayant été invariablement le même depuis cette époque. On trouve ça et là, dans les grandes villes et surtout parmi ceux qui sont employés par les Européens, des individus qui suivent les modes étrangères et qui portent des turbans, des robes à la turquoise et d'autres habillements profanes; mais ils ne sont pas bien vus de leurs compatriotes et sont même considérés comme des impies par les plus strictes d'entreux. Parmi les pauvres des castes inférieures on rencontre aussi des jeunes hommes et même des vieillards qui ne portent du tout point d'habits; mais heureusement ceux-ci vivent dans des endroits retirés que les Européens ne fréquentent que rarement.

L'habillement des femmes est simple et décent. Il consiste en une pièce d'étoffe de coton, ou de soie de couleurs variées, longue de douze braches au moins, attachée autour du corps et arrangée de manière à ne laisser que l'épaule et le bras droit à découvert. Le luxe des ornemens dont elles sont parées forme un contraste pénible avec la simplicité de cet habillement. Surtout dans les occasions où on désire qu'elles paraissent avec avantage, les dames de qualité sont, pour ainsi dire, couvertes de bijoux et d'atours, d'or et d'argent où brillent le saphir, le rubis, l'émeraude et le diamant. Les ornemens les plus en usage sont les couvrechefs, les poinçons, les tiares, les pendans d'oreille et de nez, les colliers de différentes espèces, les bracelets et les bagues de doigts de mains et de doigts de pieds. Il n'y a pas de femme, si pauvre qu'elle soit, qui ne porte quelques ornemens; elles ne portent jamais de souliers, et les hommes ne s'en servent que lorsqu'ils sortent de la maison; ils les ôtent, lorsqu'ils saluent un supérieur, aussi bien que le linge dont leurs épaules sont couvertes. La plupart des maisons qu'on trouve dans le Tinnévelly sont petites, basses, et incommodes. Les murs sont construits avec une espèce de marne, la couverture est faite du bois et de la feuille du Palmyra; et la porte n'a ordinairement que quatre pieds et demi de hauteur, sur deux et demi de largeur; mais, quoique petite, elle est de beaucoup plus d'importance que chez nous; car, outre son usage naturel, elle sert aussi de fenêtre et de cheminée. Dans les villes, les maisons sont plus grandes, plus solidement construites; mais guère plus commodes et guère mieux éclairées. On diroit que l'Indou, dans toutes les conditions de la vie, est ennemi de la lumière. Les palais des rois et les grandes pagodes seuls font ressortir le génie des Indous pour l'architecture. Celle de Tinnévelly, dédiée au Dieu Néléappen et celle de Trittchendour, dédiée au Dieu Supramanien, sont dans leur genre des merveilles de l'art. Les villes de Palamcottah et de Tinnévelly, à peu-près au centre de la province et qui ne sont qu'à deux lieues de distance l'une de l'autre en sont les deux capitales.

Le bétail, en général, est très-petit; dans les contrées les plus rapprochées du cap Comorin, il y a une espèce de vaches qui ne sont pas plus grandes que nos chèvres. Les brebis n'ont pas de laine, et, dans ce pays chaud, elle leur seroit dailleurs incommode et ne seroit que de très peu d'utilité aux hommes. Les buffles, qui y abondent, fournissent beaucoup de lait, et les indigènes s'en servent aussi bien que des bœufs pour labourer leurs terres. Les chevaux sont petits, maigres et sous tous les rapports beaucoup inférieurs à ceux d'Europe. Il faut plus que l'éperon pour les faire courir. Ils ne sont presque d'aucun service, les Européens et les Indigènes un peu à leur aise se procurent à un prix très modique des chevaux d'Arabie, d'Assam et de Pégu. Les ânes et les bœufs, plus que les chevaux, servent à porter des fardeaux. Les villes et les villages sont partout infectés de chiens à demi sauvages, qui n'ont d'autre maître que leur faim dévorante et qui parcourent les rues, où ils se nourrissent d'immondices, lorsqu'ils ne peuvent enlever rien de meilleur des cuisines où ils s'introduisent à tout moment. La métempsycose les protège, aussi bien que plusieurs autres animaux inutiles et nuisibles. Cependant le gouvernement anglais les fait exterminer, autant que les préjugés des indigènes le permettent. L'Éléphant, quant à la perfection de l'espèce, la grandeur et l'instinct, on serait tenté de dire, la raison, dont il est doué, occupe incontestablement le premier rang parmi ces animaux. On le voit dans toutes les pagodes, chez les Sémidars et d'autres personnes riches; mais on s'en sert plus souvent pour augmenter la pompe d'une noce et d'une procession idolâtre qu'à des usages vraiment utiles. Plusieurs espèces de serpents abondent dans le Tinnévelly, parmi lesquelles les vipères et les serpents à lunettes sont les plus dangereux. Pendant les saisons pluvieuses, ils sont chassés de leurs trous et se réfugient quelquefois dans les maisons; alors il n'est pas rare que des accidens arrivent. Les scorpions sont bien communs aussi; leur piqûre cause une enflure et de grandes douleurs; mais jamais la mort.

Les montagnes des Ghauts, qui confinent au Tinnévelly, sont à peu-près de la hauteur de celles du Jura et forment plusieurs chaînes qu'il faudrait plus de trois jours pour traverser. Il y a de belles forêts d'arbres d'espèces différentes de celles d'Europe, et dont je ne connais pas les noms en français. On y trouve du bois d'ébène et du bois de sandal. Le terrain que les forêts n'occupent pas est couvert d'une herbe qui croit à la hauteur de six à huit pouces. Ces montagnes ne sont habitées que par des singes, des éléphants sauvages, comme aussi par des tigres, des panthères, des léopards et d'autres bêtes féroces, et par des cerfs, des chevreuils, des lièvres, des vaches et des chèvres sauvages qui leur servent de pâture. Les éléphants quittent souvent les lieux où ils habitent, descendent en troupe dans la plaine, où ils causent des dégats effroyables dans les champs de ris. Le gouverneur en fait faire de tems en tems une chasse générale; dans celle qui eut lieu en 1840, on tua 42 de ces animaux.

Anciennement, cette province dépendait des rois de Pandéam ou de Tanjore; puis, des rois de Madura, qui pourtant n'exerçaient qu'un pouvoir très-limité sur les douze Sémidars féodaux qui partagaient entr'eux le gouvernement de la province, et qui avaient un pouvoir presqu'absolu sur la vie et la propriété des habitans. La ligue des rois de Madura ayant été rompue par la mort de Tiroumalainayaguer leur, pouvoir entier passa aux Nabobbs de Madras de la dynastie mahométane, qui s'appliquèrent à limiter le pouvoir des Sémidars et y réussirent jusqu'à un certain point; ils seraient même parvenus à l'abolir tout-à-fait, si, vers la fin du dernier siècle les Anglais n'eussent forcé le Nabobb lui-même à leur céder toute son autorité moyennant une forte pension qu'ils s'engagèrent à lui payer. La bataille de Pandchahankouroudchy gagnée par les Anglais contre un Sémidar puissant, qui voulait encore leur disputer ces droits, finit par soumettre toute la province à la puissance britannique, et dès lors, les indigènes, que les Anglais gouvernent avec beaucoup de douceur et d'égards pour leurs préjugés, se soumettent de bonne grâce à leurs nouveaux maîtres; mais ils s'y soumettraient avec plus de plaisir encore, si ceux-ci avaient aboli tout-à-fait le pouvoir des Sémidars, qui, avec la faible autorité qui leur reste, trouvent encore mille moyens d'opprimer et ruiner le peuple. On verra combien les chrétiens ont eu à souffrir de leur part. Pour le gouvernement de la province, les Anglais ont à Palamcottah une cour administrative, une cour judiciaire et un régiment, quelquefois deux, dont les officiers sont Européens et les soldats Indous. Nonobstant ce joug étranger, les indigènes sont administrés; comme à l'ordinaire, d'après le contenu de leurs livres sacrés, qui sont les quatre Védas, les Pouranas et les Chastres, qui, aussi bien que les autres livres qui ont obtenu quelque autorité, sont compris populairement sous le nom Chastres. Les Chastres contiennent tout ce que l'Indou doit savoir, croire et pratiquer, tant pour ce qui regarde la religion proprement dite, que pour ce qui a rapport aux arts, aux sciences, aux lois civiles et politiques, et à toutes les coutumes de la vie dans les détails les plus minutieux. Tout, en un mot, est prescrit dans les

Chastres et tout, par conséquent, a reçu un caractère sacré. Les habitans du Tinnévelly s'y conforment plus strictement peut-être que les autres peuplades des Indes; c'est pourquoi, on retrouve parmi eux le caractère, les sciences et les coutumes des Indous dans leur originalité. Tout se conçoit ici, se fait, s'arrange encore selon les règles de la Chastre.

Les castes, ces ordres qui divisent la société en tant de classes différentes, sont ici strictement définies et observées. Il y a quatre castes principales, reconnues plus particulièrement par les Chastres et auxquelles elles attribuent une origine divine. La première est celle des Brahmines, ou des prêtres, qui sont sortis de la tête de Brahma. Cette caste est incomparablement plus élevée que les autres. La seconde est celle des Chatrias, ou celle des rois et des soldats, qui sont sortis de ses épaules. La troisième celle des Vaïsires, ou des marchands, qui sont sortis de son ventre; et la quatrième celle des Soudars, ou cultivateurs et des artisans, qui sont sortis de ses jambes. Cette dernière caste fournit aussi au gouvernement anglais la plus grande partie des hommes qui sont employés dans les bureaux d'état, ou dans les finances. Ces castes n'ont presque rien de commun entr'elles que la haine qu'elles se portent les unes aux autres. Un individu d'une caste supérieure ne peut entretenir d'autres relations avec un individu d'une caste inférieure que celles qui sont absolument indispensables à son existence, comme de vendre et d'acheter, et même ceci doit se faire avec beaucoup de formalités; mais, dans quelque circonstance que ce soit, il ne peut manger avec lui, ni rien manger de ce qui a été apprêté par lui, ni s'asseoir auprès de lui, ni entrer dans sa maison, ou le recevoir dans la sienne; enfin, tout ce qui marquerait de la familiarité est strictement défendu et entrainerait nécessairement la perte de la caste, malheur que les Indous craignent plus que la mort. Les quatre castes principales sont divisées et subdivisées encore en une infinité de fractions, qui prennent aussi toutes le nom de castes et qui, dans la pratique, ne sont guère plus rapprochées les unes des autres que les castes principales. Ces castes forment dans les Indes un des plus grands obstacles que le christianisme ait à surmonter. Après celles-ci, viennent une infinité de tribus, qui, n'étant pas reconnues par les Chastres, sont regardées comme n'ayant aucune existence, soit civile soit religieuse, et qui sont toutes désignées par le nom avilissant de Nirchadi, ou Pariah. Ceux qui appartiennent à cette classe sont détestés de tous et considérés comme des êtres dont la vue même communique la souillure et la dégradation. Quelques-uns d'entreux sont employés par les Brahmines et les Soudras comme esclaves, et les autres sont abandonnés à eux-mêmes, vivant dans des lieux écartés et se nourrissant de chair de bêtes péries, d'herbes, de racines et de graines qu'ils cultivent dans les terrains abandonnés. Les Anglais ont, jusqu'à un certain point et autant que les préjugés des castes le leur permettent, amélioré la condition de ces pauvres créatures, en les protégeant contre les injustices les plus criantes et en leur procurant les moyens de vivre; mais les Indous regardent ces actes d'humanité comme une impiété; pourtant l'évangile, qui enseigne la grande vérité que tous les hommes dans leur origine sont égaux, peut seul les délivrer de la tyrannie sous laquelle ils gémissent.

Les habitans du Tinnévelly, aussi bien que ceux de Madura, province limitrophe, sont peut-être ceux de tous les Indous qui se sont le plus voués à l'étude des sciences, telles qu'elles sont ordonnées dans les Chastres. Il n'y a pas de villes dans cette contrée où il ne se trouve quelques savants, ce qui s'explique par la circonstance qu'il y avait autrefois à Madura une académie très-célèbre et si favorisée des dieux que la table d'or sur laquelle les savants étaient assis pour conférer ensemble et méditer sur la

Chastre s'étendait, à mesure que leur nombre augmentait.

Les arts qu'on cultive ou plutôt qu'on étudie avec le plus de succès sont: la grammaire, la rhéthorique, la poësie; on rencontre aussi d'excellens traités de logique dans la langue Tamil. Les indigènes s'expliquent toujours, soit dans la conversation, soit dans leurs écrits, avec énergie, clarté et précision. L'architecture et l'orfèvrerie sont aussi portés à un haut degré de perfection. Il faut bien aussi que leur astronomie repose sur quelques principes solides, puisque les brahmines peuvent calculer les éclipses avec une grande précision; mais l'astrologie qu'ils y mêlent est un tas d'absurdités. Leur physique n'est plus saine. La Chastre a voulu deviner la nature au lieu d'indiquer les principes pour l'étudier, et il s'ensuit que les Indous attribuent des causes surnaturelles aux phénomènes les plus naturels. L'orage, pour eux, n'est autre chose qu'un Dieu qui traverse les airs dans son chariot. Les fers du cheval, en frappant les pierres de la voute céleste, produisent les éclairs; les coups de tonnerre sont les coups de son fouet; le vent est l'air agité par la vitesse des roues, et le cheval fait la pluie. La cause des tremblemens de terre est bien simple et bien aisée à comprendre aussi. La terre toute entière repose sur un pilier, qui repose lui-même sur une des têtes d'Adisséchen, énorme serpent à mille têtes. A la fin de trente ou quarante ans, cette tête se sent pourtant un peu fatiguée; alors Adisséchen saisit le pilier avec sa queue, le soulève et le repose sur une autre de ses têtes et voilà un tremblement de terre.

On ne doit pas s'attendre à trouver parmi eux des connaissances bien étendues et bien profondes de la médecine et de la chirurgie; vu que la métempsycose rend toute étude d'anatomie impossible. Il pose en principe, qu'il y a trois élémens qui prévalent dans le corps humain, le calorique, la bile, et l'air; leur équilibre constitue la santé, et l'excès ou le défaut, soit de l'un, soit de l'autre, produit les différentes maladies. Le pouls que les médecins tâtent toujours avec trois doigts, leur indique l'état de ces élemens et par conséquent de la santé. Les pharmaciens ne sont pas connus en ce pays, et chaque médecin prépare lui-même les remèdes qu'il lui faut. L'usage de la saignée et des sangsues lui est étranger et serait tout-à-fait contraire à ses préjugés. Avant d'entreprendre une cure, il fait ordinairement un marché avec le patient; s'il le guérit il obtient la somme stipulée; s'il ne le guérit pas il n'a rien.

Je ne connais pas un seul ouvrage dans la

littérature tamil qui s'occupe exclusivement de morale. Dans le poëme de Térouvoulaver et dans les proverbes d'Avidial on trouve ça et là quelques préceptes excellents; mais ici comme ailleurs tout manque de base et d'ensemble. Les œuvres que les livres sacrés des Indous recommandent comme méritoires et auxquelles sont attachées des promesses de récompense dans cette vie, ou dans la vie à venir sont: bâtir des temples aux dieux, leur apporter des offrandes; planter des arbres sur les grands chemins pour ombrager les passants, donner l'hospitalité aux étrangers, faire des aumônes, honorer les Brahmines et leur faire des présents, se conformer strictement aux règles de la Chastre, se laver dans les rivières et les étangs sacrés, pratiquer toute sorte d'austérités, se noyer dans le Gange, puis pour les veuves se brûler avec les corps de leurs maris défunts. Quelques unes de ces actions seraient chez nous d'abominables crimes, d'autres sont absurdes, et quelques unes seulement sont en elles mêmes des bonnes œuvres. La sainte morale de notre Sauveur dans l'évangile est fondée sur l'amour de Dieu et du prochain; mais celle des Indous est fondée sur l'égoïsme seulement.

Quoiqu'amis des sciences, les savants du Tinnévelly se font scrupule d'apprendre ce que les Européens pourraient leur enseigner. Ils craignent d'être conduit par là à admettre qu'il y a des erreurs dans les Chastres, auxquelles ils doivent toutes leurs connaissances; or les dieux les puniraient bientôt d'une telle impiété.

La philosophie des Indous est un abyme de ténèbres, d'où ne sortiraient jamais ceux qui voudraient l'approfondir. La métaphysique principalement semble être le champ sur lequel elle s'exerce, et les problêmes qu'elle cherche à résoudre, ou plutôt qu'elle croit avoir résolus, sont l'essence de Dieu et des esprits, la nature de la matière et de ses relations avec le monde spirituel, l'origine de toutes choses et surtout la nature de cette béatitude qui peut convenir à l'homme, considéré soit comme un être matériel, soit comme un être spirituel, soit comme réunissant ces deux modes d'existence, et les moyens à employer pour parvenir à cette béatitude. Le Panthéisme forme pour ainsi dire la base de tous leurs systèmes philosophiques. La doctrine qu'il inculque est, que Dieu est l'existence simple dénuée de tout attribut et que la matière est la maya (vanité,) c'est-à-dire l'opinion que Dieu a de son existence; mais cette opinion est déjà regardée comme un défaut dans la divinité; ensorte qu'il n'y a pas proprement d'êtres matériels, vu que tous ces êtres ne sont que vanité, et que hors de cette existence simple et de cette opinion, il n'existe rien. Tout est Dieu. De là le fatalisme qui suppose les destinées humaines invariablement fixées, par celà même que les hommes, et l'idée qu'ils ont d'une volonté libre, ne sont que des parties de Dieu. Ils sont comme une goutte d'eau qui ne peut éviter de suivre le torrent qui l'entraîne.

Parmi les systèmes sur les moyens de parvenir à une béatitude parfaite, ceux qui prévalent dans le Tinnévelly, sont la Yogame, (le Stoïcisme) et la Gnanham, (la sagesse). Le Yoguy, qu'on nomme aussi Faquir et Sagnassy, prétend que la seule béatitude dont l'âme soit susceptible se trouve dans l'âme même, qui est une partie de la divinité; que la seule entrâve à la jouissance parfaite de cette béatitude est l'influence du corps et de la matière en général, laquelle fait refluer les facultés les plus nobles de l'âme sur les sens; qu'ainsi pour écarter cette influence maligne, il faut mortifier les sens par des abstinences et des austérités qui doivent finir enfin par détruire tous les désirs de l'âme, qui ne refluent pas sur elle. Il y a des Yoguy aussi qui par ces austérités espèrent gagner le paradis. Pour atteindre ce but, ceux d'entr'eux qui se sont attachés aux règles les plus strictes de leur ordre, portent le fanatisme à un degré dont on ne peut se faire une idée en Europe. Les austérités de St. Antoine et de St. Simon ne sont que peu de choses si on les compare à celles de ces fanatiques. Quelques-uns se condamnent à rester toute leur vie dans la même attitude. Tous les membres de leur corps se paralysent enfin, et tout mouvement volontaire leur devient impossible. D'autres marchent pendant des années sur les mains et sur les genoux et font ainsi des pélerinages de plusieurs centaines de lieues. Lorsqu'ils sont exténués de fatigue ils peuvent se coucher; mais ils ne peuvent jamais se mettre sur les pieds. D'autres se font suspendre par les pieds au-dessus d'un feu et restent là jusqu'à ce que leur âme soit prête à s'envoler de leur corps. D'autres encore se condamnent à un silence perpétuel. Près de Tanjore je rencontrai un de ces Yoguy qui était en pélerinage; il avait à ses pieds des souliers dont les cloux lui pénétraient dans la chair; je voulus lui parler, mais il ne daigna pas me répondre. Il serait impossible de décrire toutes les pratiques que ces pauvres créatures ont inventées, pour amorter et anéantir leurs sens. Les Indous les vénèrent beaucoup et ne leur laissent jamais manquer du nécessaire. Il y a un très grand nombre d'individus aussi qui s'honorent du nom de Sagnassy, mais qui mènent une vie bien moins austère que ceux dont nous venons de parler. Ceux-là ne sont pour la plupart que des fourbes qui en imposent au peuple, pour vivre à ses dépens. Il y a de plus un grand nombre d'Indous qui se livrent à toutes les austérités dont nous avons parlé, sans appartenir proprement à la secte. Ils le font, ou pour satisfaire à un vœu qu'ils ont fait à l'un de leur dieux, ou pour obtenir la délivrance de quelques misères temporelles ou spirituelles, ou aussi par orgueil, pour devenir l'objet de l'admiration et du respect de leurs semblables.

La Gnanham partant du principe du Panthéïsme dit que l'homme dans son origine était, ainsi que la divinité elle-même, d'une essence simple, indivisible, absorbé par elle; mais que par quelque événement survenu dans le sein de la divinité même, il en a été séparé et a reçu une existence individuelle: or c'est ce qui fait maintenant son malheur et son inquiétude. Elle ajoute que pour parvenir à la béatitude parfaite, l'homme doit renoncer à tout désir, méditer continuellement l'essence simple et abstraite de la divinité, et s'étudier à la voir en toute chose: qu'ainsi il parviendra à l'affranchissement de sa personnalité, et à être absorbé en Dieu ainsi qu'une goutte d'eau est absorbée dans l'océan. Les individus de toutes les castes, depuis le Brahmin jusqu'au Pariah, ont le droit de se vouer à cette philosophie; mais quoique le nombre de ses partisans soit très grand, il n'y en a pourtant toujours que peu qui s'y vouent d'une manière pratique. Ceux-ci abandonnent leurs castes et mangent indifféremment avec toute sorte de personnes. Ils ne parlent que très peu, semblent absorbés dans de profondes méditations, aiment la solitude, vivent quelquefois dans des lieux retirés et évitent soigneusement tout ce qui peut leur causer quelque émotion, comme de la joie ou de la tristesse. Ils considèrent toutes les austérités des Yoguys comme des moyens plus propres à fortifier l'égoïsme qu'à l'affaiblir. Ils regardent l'idolâtrie comme une chimère, qui pourtant doit servir de degré à l'homme ignorant, pour s'élever à la contemplation de la divinité.

Ce que je viens de dire de ces deux systèmes de philosophie diffère un peu des relations qu'en donnent quelques bons ouvrages, écrits dans nos langues européennes; mais j'ai rapporté, sur ces sujets, ce que j'ai appris de la bouche de plusieurs savants Indous, soit payens, soit convertis au christianisme.

La doctrine de la métempsycose, aussi bien que les autres doctrines qui supposent une rémunération, et qui sont si généralement reçues parmi les Indous, semblent détruire celles du panthéisme et de tous les systèmes qui en dérivent, vu qu'elles sont fondées sur la conviction que l'homme a de sa responsabilité et par conséquent de sa personnalité. La métempsycose enseigne que l'âme de tout homme, qui n'a pas expié ses fautes pendant cette vie, passera pour sa punition dans un animal plus ou moins vil, puis passera dans un autre, jusqu'à ce que ses péchés étant parfaitement expiés par les humiliations et les douleurs qu'elle aura souffertes, elle renaîtra enfin dans un corps humain. Si elle revient de ses pélerinages avec un grand excédent de mérites, elle ira même animer le corps d'un brahmin, ou sera reçue dans le paradis. Les panthéïstes rattachent cette doctrine à la leur, en disant que la transmigration fait partie de la vanité aussi bien que tout le reste.

Ceux qui sont trop grand pécheurs, pour pouvoir être purgés de leurs crimes par la métempsycose, iront habiter l'un des nombreux enfers (Naraga) qui se trouvent dans le vaste empire de Yamen, le juge des morts. Ce Yamen est représenté comme un homme vert, portant des vêtements rouges, les yeux enflammés, ayant une couronne sur la tête, une fleur dans ses cheveux, une massue dans la main droite et assis sur un buffle. Sa figure et surtout ses dents inspirent la terreur aux habitans des trois mondes. Les émissaires qu'il envoie sur la terre, pour emporter les âmes de ceux qui viennent d'expirer, ont souvent des disputes bien sérieuses sur le sort de ces âmes avec les messagers des autres dieux, qui sont envoyés pour les transporter dans leur paradis de délices. Voici les noms et les qualités de quelques-uns des cent mille enfers de Yamen: le Choukroumouklou, où les damnés sont mordus par des animaux à tête de cochon; le Kremboujounoui où ils deviennent des vers qui se repaissent d'ordure; le Lakabouklou, où ils se nourrissent de salive; le Badjoume, où ils mangent de la chair humaine; le Doudomchouklou, où ils sont mordus sans cesse par des serpents à plusieurs têtes; le Londoukschou, où ils sont brûlés et tourmentés avec des fers rouges. Les damnés sont tourmentés pendant plus ou moins de temps, et avec plus ou moins de violence dans ces terribles lieux, selon la grandeur de leurs crimes. Celui qui aura méprisé les Védas, ou les brahmins, sera tourmenté pendant trois millions cinq cent mille ans, dans un enfer de métaux fondus.

Les Chastres parlent de quatre différents états de félicité dans l'autre vie, dans l'un desquels entreront ceux qui pourront produire un grand surplus de bonnes œuvres, telle que la morale indienne les demande ou qui auront été plus particulièrement purgés de leur péchés par la métempsycose, ou par les tourmens des enfers. Premièrement une place dans le Paradis (Modchum) d'où pourtant on ne peut pas contempler les dieux; secondement la contemplation des dieux;

troisièmement l'apothéose où ils seront changés en dieux; quatrièmement l'absorption, où ils seront abymés dans la divinité et jouïront dans son sein d'une paix indicible. Il n'y a que les vrais sages (Gnanis) qui puissent aspirer à l'absorption, et ceux-là seulement jouïront d'un bonheur éternel; car les autres, après avoir passé plus ou moins de tems à s'enivrer de plaisirs dans le paradis, auront à recommencer sur la terre une nouvelle carrière de misères et de dangers. Il y a un grand nombre de paradis. Les plus célèbres sont: Le paradis de Vichenou, qui se nomme Vaigonda; celui de Chiven, qui se nomme Kailasa; celui de Brahma; celui de Devenderen, le roi des dieux; et celui de Voupéren, le dieu des richesses. Ces Paradis, ainsi que celui de Mahomed, offrent tout ce que peut désirer une âme grossière mondaine et impure. Notre pauvre âme sent bien qu'elle a besoin d'un bonheur parfait, mais sans être éclairée par la lumière divine elle ne peut ni connaître ni choisir celui qui lui convient. C'est ce que les doctrines des Indous, qui ont rapport à une autre vie, font bien voir, et ce qu'il nous reste à dire de leur mythologie et de ses effets effroyables, liée comme elle l'est à leur philosophie, servira encore à prouver l'humiliante vérité que le monde par sa sagesse n'a point connu Dieu, et que la philosophie la plus abstraite ramène par des chemins bien courts mais inconnus de nous à l'idolâtrie la plus grossière: c'est bien là l'effet qu'elle a produit dans les Indes. Là on rencontre à chaque pas et dans le même individu la sagesse du monde la plus raffinée et l'idolâtrie la plus révoltante. Comment le Panthéisme et le Brahminisme, marchant ensemble peuvent s'accorder, c'est de quoi les Brahmins eux mêmes ne peuvent se rendre raison. Combien il serait à souhaiter que nos sages d'Europe, avant de mettre la main à l'œuvre pour bouleverser la religion du Fils de Dieu, se rendissent dans ce pays pour étudier là sur les lieux l'effet de tout système que la raison humaine peut mettre à sa place. Les faits sont toujours bien plus surs que les spéculations.

Le Brahminisme, ou la religion de Brahma, qui a probablement été substituée au Bhoudisme, est maintenant la dominante dans toutes les Indes; mais elle a été si bien décrite dans tant de bons ouvrages et de publications périodiques, qu'il suffira ici d'en rapporter les principaux traits. Il assigne à Brahma, Vichenou et Chiven les premiers rangs parmi les divinités accessibles aux hommes. Brahma, qui est le Créateur de l'univers, est représenté sous la forme d'un homme à quatre faces, d'une couleur d'or, habillé de blanc et assis sur une oie; dans l'une de ses mains il tient un bâton et dans l'autre un vase. Savitri est sa femme. Vichenou est le Conservateur, et il est dépeint comme un homme noir à quatre bras. Dans l'une de ses mains il tient une coquille, dans la seconde une massue, dans la troisième une roue et dans la quatrième une fleur de lis. Il est assis sur l'énorme oiseau Gourourou, et Sourousvady est sa femme. Ce dieu a paru neuf fois sur la terre, chaque fois sous différentes formes; non pas pour y secourir les hommes; mais pour y avancer les intérêts des dieux. Il y paraîtra encore une fois, sous la forme d'un cheval. Ce sont là les dix fameuses avadaras, ou incarnations de Vichenou. Une des représentations de Chiven qui est le Destructeur, est celle d'un homme à couleur d'argent, ayant cinq visages, trois yeux, une demi lune sur le front, quatre bras; dans l'une de ses mains il tient une arme, dans la seconde un chevreuil, avec la troisième il donne la bénédiction et avec la quatrième il commande de ne pas craindre. La cruelle Dhorga est sa femme. Ces trois dieux forment la grande Triade des Indous (Trimourty). Il n'y a pourtant que Vichenou et Chiven qui soient adorés et auquels on bâtisse des temples. Brahma ayant perdu toute prétention aux honneurs divins pour avoir dit un mensonge, n'a ni temple, ni adorateur. Ceux de Vichenou portent une marque de couleur jaune sur le front en forme de trident, ce qui les distingue des adorateurs de Chiven qui ne font que de s'y frotter de cendres. Ces derniers sont les plus nombreux dans le Tinnévelly. Ces trois divinités suprêmes sont suivies d'une foule d'autres dieux d'un rang élevé, qu'on peut regarder comme régnant immédiatement sur les élémens et comme étant les administrateurs des affaires de l'univers. Ils sont représentés et adorés sous des formes plus ou moins bizarres. Tels sont Sourien, le Dieu de la lumière; Soupramanien un des fils de Chiven et le dispensateur de tout don excellent; Varunenne, qui règne sur les mers; Sourousvady, la déesse de l'éloquence; Mircousa, qui gouverne les serpents et toute espèce de reptiles; la terrible Dhorga, déesse de la guerre; Vichnou-Vourmen, l'architecte des dieux; Ladchemy, la déesse des richesses. Soupramanien, Varunenne et Ladchemy surtout, sont adorés dans le Tinnévelly. Ensuite vient la formidable armée de 330,000,000 de dieux, desquels Dévenderen, ou Endrou est le roi. Ce Dévenderen a été plus d'une fois châtié par les Brahmins, et il est tellement convaincu de leur puissance, qu'il a recours a toute sorte d'intrigue pour s'insinuer dans leurs bonnes grâces. La vache tient un rang distingué parmi ces divinités, étant l'animal sur lequel Chiven lui-même fait tous ses voyages. Tuer une vache est le plus grand péché qu'un Indou puisse concevoir; pourtant il la bat et la maltraite; mais il a toujours soin de lui laisser un souffle de vie. Le Brahminisme permet aussi l'adoration des singes, des serpents, des rivières et d'une infinité d'autres créatures. Plusieurs des Pagodes (temples) où ces dieux sont adorés sont d'une grandeur surprenante, d'un ordre d'architecture approchant un peu du Gothique, ornées partout extérieurement de statues et d'autres ouvrages de sculpture, et surmontées d'une haute tour qui se termine en créneaux. Les Européens nouvellement arrivés reçoivent en les voyant une impression difficile à décrire. Il y a au moins dix pagodes du premier ordre dans le Tinnévelly, dont les revenus, soutenus des offrandes qu'on apporte, suffisent abondamment pour nourrir les nombreux Brahmins qui y font l'office prescrit par la Chastre. Là le culte qu'on rend à ces fausses divinités consiste principalement dans les offrandes qui leur sont présentées et dans une infinité de cérémonies brillantes et absurdes, où l'on a eu soin de faire entrer tout ce qui peut servir à flatter les affections et les convoitises du vieil homme. Des festins magnifiques, des processions pompeuses, des jeux folâtres, des musiques et des danses, et des choses mille fois plus pernicieuses encore. Il suffira de dire que dans chaque pagode il se trouve un certain nombre de femmes de mauvaise vie, entretenues sur les biens de la pagode, vêtues de soie et parées d'or et de pierres précieuses, misérables, obligées de se livrer à ceux qui apportent des présents aux idoles. Ces filles sont nommées les filles saintes, les femmes du dieu. Dans la grande pagode de Tinnévelly il y a cinq cent de ces malheureuses créatures. On célèbre une fête annuelle dans chaque grande pagode, pendant laquelle le paganisme étale toutes ses abominations.

Il existe dans le sud de la province et nulle part ailleurs dans les Indes, une religion essentiellement différente du Brahminisme et qui se nomme Païgaradanaï, ou adoration des démons. Cette religion est bien ce qu'elle professe être; car, ce que les traditions des Chanaars disent de ces Paï (démons) et de leur histoire s'accorde essentiellement avec ce que la Bible nous enseigne touchant les esprits malins. Selon ces traditions, ces Paï sont des êtres déchus, chassés de la présence d'un grand roi, qu'ils ont su tromper, même dans leur exil; car par beaucoup de stratagèmes ils ont obtenu de lui le pouvoir de nuire aux hommes, parmi lesquels ils sont errants et vagabonds, et par ce pouvoir ils se sont acquis les honneurs et les hommages que ceux-ci devaient au grand roi; et c'est une chose bien remarquable que le nom qu'ils donnent à l'un des principaux démons soit Satan, un nom qui n'a pourtant aucune signification dans la langue tamil. Ces démons sont toujours occupés à nuire aux hommes, à produire des ouragans pour renverser leurs maisons et dévaster leurs champs, des inondations pour tout ruiner, des sécheresses pour tout brûler. Mais le jeu auquel ils se plaisent surtout est de faire avorter les femmes enceintes et détruire les petits enfans. Plusieurs d'entr'eux aussi sont représentés avec de petits enfans dans la gueule qu'ils dévorent. Ils se présentent de temps en temps aux hommes sous les formes les plus hideuses, afin de les effrayer et de les forcer par là à leur apporter des offrandes. De nos jours ils ont inventé le choléra-morbus pour inspirer de nouveau le respect qui leur est dû, mais qu'on commençait à oublier, et faire couler le sang des victimes qui leur est nécessaire pour étancher la soif qui les tourmente. Leurs adorateurs ne les prient guère que pour prévenir quelques malheurs, ou en obtenir la délivrance; mais ils ne les approchent jamais à mains vides. Les sacrifices humains, tels que les femmes enceintes, les petits enfans qu'on immole sur leurs autels, sont les dons qui leur sont le plus agréables; mais les Anglais ont mis fin à ces atrocités.

Ils reçoivent aussi les cochons gris, les boucs noirs et les poules noires. Lorsque l'occasion n'est pas urgente ils se contentent de fruits et de fleurs. Ces sacrifices et ces offrandes sont accompagnés des cérémonies les plus absurdes et les plus dégoutantes. Près de chaque village on trouve une petite chapelle, dédiée à l'un ou à l'autre de ces démons. Udchalimagali, Satan, Sodelamaden et Montouammale semblent être les chefs de cette fraternité turbulente. Le Gourou (le prêtre) et le Païady (le danseur) reçoivent pour salaire une partie des offrandes qu'on leur apporte. Les Brahmins manifestent un profond mépris pour cette religion et pour ce culte; pourtant plusieurs croyent que Païgaradanaï a existé dans les Indes avant le Brahminisme et même avant le Boudhisme. Voilà les deux déplorables religion que l'on trouve dans le Tinnévelly. Il est vrai que ses habitants, aussi bien que ceux des autres contrées des Indes ont conservé au milieu de ces épaisses ténèbres une certaine connaissance d'un Dieu tout-puissant, tout-sage et présent partout, qu'ils nomment Kadavoul, Sarvespérène, Paraparéne. Ils parlent même de lui comme d'un être qui bénit les bons et punit les méchants, mais ils ne se sentent dans aucune relation immédiate avec lui; ils ne lui rendent aucun culte et ne lui bâtissent aucun temple, ensorte que cette connaissance n'a aucune influence sur eux, pendant que l'idolâtrie et la philosophie, dont nous avons parlé, ont produit des effets bien tristes sur leur caractère et sur leur conduite, tellement que s'il est vrai qu'après la chûte il reste encore quoi que ce soit de bon dans l'homme, une résidence de près de seize années parmi les Indous m'a convaincu que ces inventions humaines l'ont presqu'entièrement détruit. Il n'existe certainement plus guère de bon en eux, si ce n'est l'amour naturel des pères et des mères pour leurs enfans. Ils sont superstitieux à un excès qui paraîtrait incroyable, si on ne connaissait les élémens dont leur éducation est composée. L'égoïsme est en toute chose l'unique principe de leurs actions. La reconnaissance leur est si étrangère, qu'ils n'ont pas même un seul mot dans la langue Tamil, pour exprimer ce sentiment. Ils ne reconnaitront un service rendu qu'autant que leur intérêt les y engagera; mais ils laisseront périr de misère leur plus grand bienfaiteur, lors même qu'ils seraient en état de lui aider, s'ils n'ont plus rien à craindre, ni à espérer de lui. La pitié, ce beau sentiment de l'âme qui s'émeut à la vue des misères et des souffrances d'autrui et qui nous porte à chercher les moyens de leur aider, ne leur est pas plus familière. Il n'y a pas un seul hôpital, bâti par les Indous pour les hommes, quoiqu'il y en ait pour les bêtes. J'ai souvent été étonné en voyant combien peu les souffrances de leurs semblables les touchent. Pendant les ravages du choléra-morbus ils passaient par centaines près des malades qui, atteints de cette terrible maladie, étaient abandonnés dans les rues, sans seulement les regarder et sans jamais leur offrir aucun secours. La doctrine de la métempsycose et non la pitié les détourne jusqu'à un certain point des meurtres et des autres actes de cruauté; pourtant les meurtres sont bien communs dans le Tinnévelly. Quant à la vérité, elle n'est d'usage chez eux qu'autant qu'elle s'accorde avec leurs intérêts. C'est ce qu'on remarque d'abord dans toutes les relations qu'ils ont les uns avec les autres. Ils n'ont aucune confiance les uns aux autres, pas même dans les choses les moins importantes; aussi dans les choses qui affectent leurs intérêts ne s'en tiennent-ils jamais aux paroles même de leurs amis; mais ils agissent d'après les probabilités. Il n'y a point de domestique qui ne trompe son maître, tout en lui en imposant par les dehors de la parfaite soumission. Ils ont une aptitude à pénétrer les caractères, qui leur est particulière. Ils connaissent d'abord les côtés faibles et accessibles de chaque personne et savent comment ils doivent l'aborder pour atteindre leur but qui est toujours de tromper. Eux-mêmes sont pour la plupart impénétrables, et il est très difficile de connaître leur côté faible. Un juge qui avait été pendant plus de vingt-cinq ans dans les Indes disait: Je n'ai pas d'écrivain qui ait été pendant deux mois dans mes bureaux qui ne me connaisse parfaitement; mais moi je ne connais pas encore ceux d'entr'eux qui ont été habituellement avec moi pendant vingt années. Si on les convainc de mensonge de manière à rendre vains tous leurs subterfuges, au lieu de rougir ainsi que le ferait tout Européen qui aurait encore un reste d'honneur à cœur, ils démontreront avec un apparente simplicité la nécessité où ils étaient d'en agir ainsi, et diront qu'ils ont menti dans un bon but. A voir les Indous on ne dirait pas qu'ils soient des êtres si démoralisés. Ils sont pour la plupart aussi imposants dans leur extérieur qu'ils sont vils au-dedans d'eux; tant il est vrai que les plus belles apparences peuvent cacher la plus effrayante difformité. Ils sont intelligents, polis, affables, d'un abord prévenant, toujours disposés à prévenir les désirs de leurs supérieurs et à leur rendre service, et ils sont en apparence sans prétentions, simples et ouverts. Dans la conversation ils évitent de la manière la plus délicate tout ce qui pourrait causer de la peine. Il y a un je ne sais quoi en eux qui leur donne un air d'innocence, qui exténue et qui expie pour ainsi dire leurs plus grands défauts, même leurs crimes, et qui dispose l'Européen à pardonner en eux, ce qu'il ne pardonnerait pas à l'un de ses compatriotes. C'est ce qui a fait dire à plusieurs observateurs superficiels qu'ils sont doux, simples, bienfaisants et sincères; mais ce n'est que sous les yeux de leurs supérieurs les Européens qu'ils se montrent tels; envers leurs égaux, et surtout envers leurs inférieurs, ils sont grossiers, injustes et cruels. C'est ce que fait voir la manière dont les personnes des castes supérieurs se comportent envers les personnes des castes inférieures et surtout la manière dont ils traitent leurs femmes.

La Chastre a arraché aux femmes les droits que toute créature humaine en naissant apporte dans le monde, tels que s'instruire, adorer Dieu, penser et agir par soi-même. Dès sa plus tendre enfance la fille est élevée par sa mère dans l'ignorance la plus complète de tout ce qui pourrait lui donner une idée de la différence du bien et du mal, du faux et du vrai, de la justice et de l'injustice. Tout ce qu'elle lui enseigne est à faire le ménage, à connaître sa caste et à en observer les règles et surtout à dissimuler et à mentir. A dix ans et souvent bien avant cet âge elle est vendue par son père à un individu qu'elle n'avait jamais vu et duquel, par un mariage brillant et coûteux elle devient la femme, ou plutôt l'esclave. Elle ne peut dès lors avoir proprement d'autre dieu que son mari, dont elle ne peut en aucune occasion prononcer le nom sacré; elle doit se soumettre à toutes ses volontés et à tous ses caprices, même au sacrifice de sa vie, non seulement sans se plaindre mais joyeusement. Elle ne peut non plus s'asseoir en sa présence ni marcher à ses côtés. S'il est dans la tristesse elle doit pleurer et se lamenter; s'il est joyeux elle doit se réjouir. Elle doit maudire ceux qu'il hait et bénir ceux qu'il aime, en un mot, elle ne doit voir que lui, n'agir et ne parler que pour lui, et comme elle ne peut avoir aucune existence hors de lui, elle doit à sa mort s'ensevelir dans les flammes qui consument son corps, ou vivre dans un veuvage dont les conditions sont plus à craindre que la mort. Le mari fait assez voir par sa conduite habituelle qu'il reconnait pour sacrés les droits absolus que les dieux lui ont donnés sur la misérable esclave. Il ne lui parle que très rarement, et ordinairement avec un ton d'autorité et d'aigreur qui exclut toute idée d'intimité et de confiance. Souvent il demande d'elle l'impossible, et sans s'abaisser à entendre une explication, il punit chaque transgression par un soufflet, ou d'une manière encore plus sévère. Se plaindre serait s'attirer un surcroît de châtiment. Il n'y a point de mari qui ne batte sa femme. Cette coutume barbare est tellement bien établie partout que les chrétiens indigènes n'en reviennent que difficilement. Un jour je demandai à l'un d'eux, s'il était bien vrai qu'il battit sa femme, ainsi qu'on me l'avait dit. Oui, me dit-il sans se déconcerter; mais je ne la bats pas comme les payens; je bats raisonnablement. En présence du mari la femme ne s'assied que lorsqu'il le lui ordonne; alors elle prend sa place à quelque distance derrière lui. Lorsqu'il est en voyage, elle est obligée de porter le deuil jusqu'à son retour, c'est à dire qu'elle ne lave point ses habits, et n'oint pas sa tête, ce qui doit encore lui paraître bien préférable au sort qu'elle aurait eu, si elle avait dû être du voyage; car alors elle aurait été obligée de porter sur son dos tout le bagage; arrivés au gîte, son devoir l'appelle à chercher du bois et à préparer le dîner (car il n'y a point d'auberge dans les Indes); qu'elle serve ensuite son mari, sous l'arbre où il se repose; seulement après qu'il a satisfait son appétit elle peut se reposer à son tour et manger ce qui reste. S'ils ont un petit enfant, sa misère est encore augmentée. En voyant ces femmes ordinairement bien vêtues et couvertes d'ornemens, on ne supposerait pas qu'elles soient si malheureuses; mais ce luxe est destiné à montrer plutôt l'opulence du mari, que les égards et l'affection qu'il a pour sa femme. Pourtant les femmes ne résistent pas toutes à ces traitemens barbares; le suicide est entr'autres une ressource bien ordinaire pour s'en affranchir, et pendant mon séjour dans le Tinnévelly il ne s'est pas passé d'année, où dans ce but plusieurs femmes ne se soient ôté la vie, soit en avalant du poison, soit en se jetant dans des puits. Mais un bien plus grand nombre, moins courageuses que les premières, succombent peu-à-peu et descendent au tombeau, avant l'âge où les femmes sont chez nous dans leur plus grande vigueur. A l'âge de quarante ans et même souvent beaucoup plus tôt, elles paraissent vieilles et infirmes.

Cependant on s'étonne que les dieux aient pu supposer, comme il le font dans la Chastre, qu'en élevant et retenant une femme dans l'ignorance et l'esclavage on puisse la rendre douce, aimable, obéissante et fidèle, et qu'ils n'aient pas pu prévoir qu'une pareille éducation produirait les vices opposés. Je crois qu'il n'y a pas de pays au monde où les femmes soient plus fausses, plus revèches et sous tous les rapports moins soumises à leur devoirs que dans les Indes; c'est ce que les désordres qu'on remarque partout dans les familles n'annoncent que trop. Si le mari d'un oeil vigilant, jaloux et le bâton à la main ne les retenait encore, ces désordres seraient encore plus grands et elles feraient bientôt voir qu'il n'y a en effet aucun bon principe en elles.

Lors même que l'évangile que nous prêchons n'aurait que les promesses de la vie présente et non celles de la vie à venir, la déplorable condition des indiennes imposerait encore le devoir à tout chrétien, et à tout philantrope de le leur prêcher. Quel sacrifice n'a-t-on pas fait pour délivrer les esclaves de l'Amérique du joug qui les opprimait, et pourtant les femmes des Indes sont beaucoup plus à plaindre que les esclaves du nouveau monde, et sont beaucoup plus nombreuses. Celui qui connaissant la misère de ces pauvres payennes peut rester indifférent et leur refuser le secours qu'il pourrait leur offrir, n'est certainement pas plus philanthrope que chrétien, il est un pauvre endurci et voilà tout.

C'est une chose bien digne de notre admiration et de nos actions de grâces que dans ce monde de corruption Dieu gouverne les choses de telle manière que le mal même devienne un obstacle au mal et serve à le réprimer. Les castes, qui sont sans contredit un des plus grands maux qui puissent affliger un pays, produisent cet effet sous bien des rapports. On ne s'attendrait pas à trouver tant d'ordre dans un pays, comme on le voit en général dans les grandes villes des Indes. Elles n'offrent que rarement le spectacle des attroupements et des querelles; et l'oreille n'est que rarement choquée par des bruits tumultueux. Chaque personne parait poursuivre un objet et ne parler aux autres que par devoir. Les femmes semblent être respectées, parceque les hommes ne s'arrêtent pas pour parler et badiner avec elles. Tout ceci est l'effet des castes, qui rendent toute communication dans la société extrêmement difficile.

Nous avons ainsi vu le champ couvert de ronces et d'épines, voyons maintenant ce que Jésus, le bon semeur a fait pour le défricher et les fruits qu'il a déjà obtenu.

Ce que je vais rapporter sur cette matière, jusqu'à l'époque où je fus moi même appelé à prendre part à cette belle œuvre, je le tiens de la bouche du cher frère *Rhenius* et de celle de quelques chrétiens indigènes qui y travaillèrent les premiers avec lui.

Chapitre Second.

Commencement de la mission par Schwartz. — Rhenius et Bernard Schmid: ouvertures d'écoles. — Formation d'une société de traités et d'un séminaire de Catéchistes et maîtres d'écoles. — Commencement des conversions et formation de communes. — Voyages des missionnaires. — Miss. Winkler. — Seconde Station Dohnavour. — L'éducation des femmes. — Achat de terres et fondation de villages chrétiens. — Retour du Miss. Schmid en Europe et entrée du Miss. Schaffter. — Grand réveil dans l'Ouest et le Nord de la province. — Persécution. — Choléra-Morbus. — Réveil dans les montagnes des Ghats. — Arrivée des Missionnaires Müller, Fjellstedt et Lechler. — Conditions des communes. — Scènes de mourants. — Troisième Station: Satan Koulam: Hostilités. — Conversion d'un philosophe et d'un ennemi mortel des Chrétiens.

Déjà bien avant la fin du siècle passé le Missionnaire Schwartz et ses collègues qui résidaient à Tanjore avaient visité la province de Tinnévelly, y avaient répandu la connaissance de l'évangile et y avaient même fondé quelques églises; mais après la mort de Schwartz, ses successeurs ayant trop à faire à Tanjore même ne purent poursuivre l'œuvre de la mission de Tinnévelly avec vigueur, ni donner aux églises tous les soins qu'elles exigeaient; la conséquence fut, qu'un grand nombre de chrétiens mal affermis retournèrent au paganisme et que la plupart de ceux qui restèrent encore au milieu des payens ne représentaient que bien mal la sainte religion qu'ils avaient embrassée. Le lumignon de la foi semblait même s'éteindre et ne faisait plus que fumer, lorsqu'il plut au Seigneur de le rallumer par les deux Missionnaires Charles Rhenius et Bernard Schmid envoyés par la société épiscopale des missions, qui arrivèrent à Palamcottah dans le courant de l'année 1820. Tous les deux avaient fait des progrès considérables dans la langue Tamil, ensorte qu'ils purent d'abord après leur arrivée se vouer à l'œuvre qu'ils avaient à cœur. Ce fut aussi un grand avantage pour eux, d'y trouver le Revd. Hough, homme pieux, devoué au service de son Maître et qui s'occupait du bien spirituel des indigènes, autant que ses autres devoirs le lui permettaient. Il les reçut fraternellement et leur donna tous les secours en son pouvoir pendant le peu de tems qu'il resta encore dans la station. Ces deux serviteurs du Seigneur se trouvèrent ainsi en face des ennemis, qu'ils étaient venu combattre au nom de leur maître, tels qu'une prêtraille orgueilleuse et puissante, une idolâtrie pompeuse et profondément enracinée, un fatalisme absolu des castes qui sapent dans leur principe tout amour du prochain, une démoralisation qui sous plusieurs rapports laisse bien loin derrière elle celle de Sodome et de Gomorrhe. A cette vue ils sentirent leur faiblesse et la nécessité de se revêtir de toutes les armes de Dieu, afin de pouvoir résister aux embûches du Diable. Ils eurent recours au Seigneur qui les arma de foi et de courage pour la lutte qui allait commencer. Dans plusieurs circonstances difficiles il leur applanit lui même les chemins, et lorsque la puissance ennemie s'élevait au point de menacer dans son existence l'œuvre commencée et de rendre inutile tous moyens humains, il intervenait lui même d'une manière inattendue et leur enseignait ainsi la difficile leçon, de marcher par la foi et non point par la vue.

L'établissement d'écoles chrétiennes dans les principales villes de la province parut d'abord un des moyens les plus propres à répandre la connaissance de l'évangile; mais les obstacles à l'accomplissement de ce dessein parurent insurmontables. Leur intention étant connue, il fallait vaincre les préjugés des indigènes au point de les disposer à envoyer leurs enfans à ces écoles. Les moins instruits d'entr'eux craignaient que les Missionnaires ne leur enlevassent leurs enfans pour les amener en Europe, ou qu'ils ne les contraignissent par quelque art magique à abandonner leurs castes, ou à être baptisés, ou à manger de la viande de vache. L'intention des Missionnaires de les instruire gratuitement les fortifiait encore dans ces craintes; pendant que les prêtres faisaient tout ce qui dépendait d'eux pour les y retenir. Si enfin les Missionnaires parvenaient à vaincre ces préjugés, un autre obstacle non moins grand se présentait dans les endroits où les indigènes eux mêmes n'étaient pas disposés à donner un local. Il s'agissait de bâtir une maison d'école et dans ce but il fallait la permission des autorités locales, une pièce de terrain, les artisans et les matériaux pour la bâtir, et ce qui était encore le plus difficile de tout, il fallait aussi un homme pour instruire les enfans; et l'idée d'une école chrétienne excitait alors tant de soupçons et de crainte que chacun de ces petits détails devenait une difficulté formidable, qui ne pouvait être surmontée que par beaucoup de travail et de persévérance. Il fallait dans quelques endroits deux ou trois ans pour venir à bout de bâtir une petite école; mais en d'autres on n'y réussit jamais. Les Missionnaires vinrent enfin à bout d'en établir dans la ville de Tinnévelly, à Moulougankouroutchy, à Satankoulam, à Amathavanakoudy, et dans plusieurs autres endroits considérables, ensorte que le nombre s'éleva bientôt à vingt, et l'expérience ayant convaincu les indigènes que leurs soupçons étaient mal fondés, qu'aucun de leurs enfans n'était contraint d'être baptisé, ou de manger de la viande de vache, qu'au contraire ils étaient traités avec douceur et qu'ils faisaient plus de progrès dans les sciences que les Indous estiment qu'ils n'en auraient fait dans les écoles payennes, ils vinrent de tous côtés prier les Missionnaires d'en vouloir aussi établir chez eux. Sans doute que les instructions qu'on leur donnait sur l'unité du vrai Dieu, l'idolâtrie et le salut par Jésus Christ seul ne leur plaisaient pas beaucoup; mais ils regardaient tout cela comme un mal auquel on remédierait aisément et se persuadaient qu'on pourrait toujours effacer ces chimères de la tête de leurs enfans, lorsqu'ils auraient quitté l'école. Ces écoles prospérèrent et devinrent comme autant de chandeliers, d'où la lumière de l'évangile resplendit bientôt dans tous les alentours. Les enfans étaient instruits non seulement dans les connaissances qui pouvaient leur être utile pour cette vie, mais aussi et surtout dans celles qui rendent sage à salut. La Bible étant le principal livre d'instruction, les Missionnaires se rendaient souvent dans ces écoles pour les examens, expliquant alors aux enfans les points essentiels de la religion et le plus souvent en présence d'une foule de spectateurs que la curiosité avait attirés et qui ordinairement en écoutaient les vérités avec plus de calme que si elles leur eussent été annoncées directement. Il arrivait aussi souvent que l'un ou l'autre des spectateurs proposait une question, ou faisait une objection qui donnait lieu à une conversation intéressante qui servait encore à dissiper les doutes et à mettre la vérité dans un plus grand jour; ensuite de quoi les spectateurs s'en retournaient chez eux, racontaient à leurs amis ce qu'ils avaient vu et entendu, et tout cela servait encore à répandre la connaissance de la vérité. Mais pour poursuivre ce but avec encore plus de succès, les Missionnaires sentirent la nécessité de faire imprimer les traités eux mêmes. Ceux qu'ils recevaient de tems en tems de Madras ne suffissaient plus et les matières qu'ils contenaient n'étaient pas toujours applicables aux circonstances dont on aimait à tirer parti; ils se joignirent donc aux Missionnaires du Travancore au service de la société de Londres pour établir une société de traités, qui a publié depuis lors plus de cent mille traités, sur plus de quatre vingt sujets différents. Ces traités ont été distribués dans toute l'étendue de la province; on s'en sert aussi dans nos écoles et ils ont fait un bien incalculable.

Enfin comme l'œuvre se fortifiait et s'étendait de plus en plus, les Missionnaires virent bien qu'ils n'y pourraient bientôt plus suffire et sentirent la nécessité d'établir un séminaire, d'où (le Seigneur bénissant l'entreprise) ils pourraient au besoin tirer des sujets capables de les assister, soit comme maîtres d'écoles, soit comme prédicateurs de la parole. Ils mirent la main à l'œuvre et tout réussit à souhait. Le comité de Madras, qui représentait la société épiscopale des missions, approuvant leur dessein s'engagea à fournir l'argent nécessaire. Plusieurs jeunes chrétiens du Tinnévelly et de Tanjore se présentèrent, furent examinés et ceux d'entr'eux, dans lesquels on reconnut les dispositions et les talents requis, furent reçus comme élèves; un jeune homme pieux, qui possédait de belles connaissances et doué d'ailleurs de sagesse et d'humilité, fut placé parmi eux comme instituteur. Le champ de l'enseignement s'étendait autant que possible sur tout ce qui pouvait être utile aux élèves, dans leur vocation future; surtout on ne négligeait rien de ce qu'on croyait propre à leur ouvrir les trésors de la Parole de Dieu et à leur faire sentir sa force. Plusieurs d'entr'eux croissaient aussi en sagesse et en grâce, l'Esprit de Dieu influant sur leurs cœurs. Ce séminaire a déjà fourni et fournit encore plusieurs zélés serviteurs de Jésus-Christ, et plusieurs d'entr'eux aident maintenant à paître l'église naissante du Seigneur dans le

Tinnévelly. Les Missionnaires se faisaient toujours accompagner de quelques-uns d'entr'eux dans les voyages fréquents qu'ils faisaient dans la contrée pour examiner les écoles et prêcher l'évangile aux payens, et cela ne contribuait pas peu à leur avancement. Ils envoyaient aussi, deux-à-deux, ceux sur la piété et la prudence desquels ils pouvaient le mieux compter, et ceux-ci pénétraient quelquefois jusque dans les endroits les plus éloignés de la province, annonçant la bonne nouvelle et distribuant des traités. Ainsi par les moyens que nous venons de rappeler, par les écoles, par les traités et par la prédication vivante de la Parole de Dieu, la connaissance du salut se répandit de plus en plus, et des signes bien encourageants ne tardèrent pas à faire voir qu'elle ne resterait pas longtems sans effets. Dans les endroits où l'évangile avait pénétré, les payens commencèrent à s'entretenir entr'eux, sur ce qu'ils appelaient la nouvelle religion (Poudon Vedam): on examinait, on proposait des objections, on les réfutait. Plusieurs ne voyaient dans le christianisme qu'un tas de nouveautés absurdes et contraires aux coutumes des Indous et dont par conséquent on n'avait pas beaucoup à craindre. De ce nombre étaient surtout les riches et les savants. D'autres y apercevaient avec plus de raison une puissance bien organisée qui tendait à ébranler et à renverser la religion, les coutumes et toutes les institutions de leurs pères, et montraient qu'on ne pouvait être trop prompt à s'y opposer. De ce nombre étaient les Brahmins et d'autres personnes influentes. D'autres encore croyaient que la mission était une machine inventée par le gouvernement anglais, pour accomplir quelques grands desseins politiques, et cette fausse idée les remplissait de crainte et leur ôtait le calme nécessaire pour examiner la chose. Tous ceux-ci par différentes voies se montraient hostiles au christianisme et prévenaient les esprits crédules contre lui. Mais un bien grand nombre aussi, plus dégagé des systèmes, de l'avarice et des préjugés que les autres, et dont le jugement était par conséquent plus libre, ne s'en laissaient pas imposer, ouvraient les yeux sur l'excellence de l'évangile et savaient l'apprécier. Ils en admiraient surtout la morale et les doctrines qui ont rapport à l'unité de Dieu, à ses perfections et au salut par Christ. Le triste état des choses autour d'eux, l'ambition des Brahmins et la tyrannie qu'ils exercent, la démoralisation complète dans toutes les classes, les injustices qui se commettaient partout et dont eux-mêmes avaient à souffrir, le pillage des Marravers, etc. les prédisposaient à examiner les doctrines de l'évangile avec impartialité; mais de l'autre côté, ils craignaient la croix qui accompagnerait nécessairement la profession qu'il faudrait en faire: renoncer à tous les plaisirs et aux avantages attachés à l'idolâtrie, rompre tous les liens sociaux et domestiques, perdre sa caste et être ainsi exposé sans ressource aux mépris et aux persécutions du monde; tout cela ébranlait leur courage et les tenait en suspens. Ils désiraient trouver un chemin qui conduisit à la vie, mais qui ne fut pas étroit. Dans ce but plusieurs personnes bien intentionnées mais faibles, venaient de tems en tems s'entretenir avec les Missionnaires et leur demandaient, si l'on ne pouvait pas être chrétien sans renoncer à sa caste, ni participer à la table du Seigneur; s'il était de toute nécessité d'ôter de dessus son front les cendres et le trident, qui sont les marques distinctives de Vouichnou et de Chiven, et si l'on ne pouvait pas être sauvé sans faire une profession extérieure de la religion chrétienne. Elles s'informaient aussi quelle protection et quel secours les Missionnaires pourraient donner aux nouveaux convertis, en cas de besoin; si enfin en se soumettant à l'essentiel on ne pourrait rabattre une partie des accessoires. Mais sur tous ces points les Missionnaires ne pouvaient entrer dans aucun accommodement et sans vouloir leur rendre la croix de Christ plus pesante qu'elle ne l'est en effet, ils les renvoyaient toujours avec ce passage du Seigneur: Que celui qui veut venir après moi renonce à soi-même, se charge de sa croix et me suive. Après bien des combats contre la malice des uns et la faiblesse des autres le tems arriva enfin, où il plut au Seigneur de glorifier plus manifestement sa parole.

Un certain nombre d'habitans d'un village près de Païkolum, à huit lieues environ au sud-est de Palamcottah, se rendirent auprès du frère Rhenius et l'abordèrent avec ces paroles: Voici assez longtems que nous nous repaissons d'alimens grossiers; nous désirons maintenant manger du riz; ensuite de quoi ils lui firent connaître leur intention d'embrasser ouvertement la religion chrétienne quoiqu'il en coute et l'invitèrent à la leur venir enseigner plus particulièrement. La joie que les Missionnaires éprouvèrent à cette invitation imprévue peut plus facilement se concevoir que se décrire. Ils ne tardèrent pas à se rendre parmi ces villageois; ils examinèrent leurs motifs; leur expliquèrent plus particulièrement la nature de cette religion qu'ils allaient embrasser, les épreuves auxquelles elle les exposerait; ils les exhortèrent à veiller et à prier, et en les quittant ils leur promirent de leur envoyer un jeune homme du séminaire pour résider parmi eux et les instruire plus particulièrement dans la voie du salut; ce qu'il firent peu de jours après leur retour à Palamcottah. Depuis lors une porte a été ouverte dans le Tinnévelly que personne n'a pu fermer et par laquelle des milliers de personnes sont entrées dans l'église du Seigneur. Des églises se formèrent bientôt dans le sud, à Satankoulam, à Amattavanakoudy, à Kavelkanarou et dans l'est à Tirupouliankoudy, à Pannaivilley, etc. Ceux qui embrassèrent ainsi l'évangile étaient pour la plupart membres de la caste des Chanaars et Païgaradanaicares, ou adorateurs des démons. Les Missionnaires exigeaient de ceux-là, avant tout, en preuve de leur sincérité, qu'ils leur remissent leurs idoles, ce qu'on a aussi exigé depuis de ceux qui ont témoigné le désir d'être reçu dans la congrégation. Le nord et l'ouest n'offraient encore que d'épaisses ténèbres.

A mesure que le nombre des troupeaux s'accroissait, l'embarras des Missionnaires, pour leur donner l'instruction nécessaire, augmentait aussi. Les élèves du séminaire, auxquels on pouvait confier le soin d'un troupeau, étaient déjà tous employés comme catéchistes; il fallut donc avoir recours à d'autres moyens pour satisfaire aux nouveaux besoins. Ils firent venir à Palamcottah des différentes congrégations des hommes de vingt à trente ans, qui avaient appris à lire et à écrire dans leur jeunesse et qui, depuis qu'ils avaient embrassé la religion chrétienne, avaient donné des preuves de leur sincérité et de leur zèle, et en outre témoignaient le désir d'être employés à l'œuvre du Seigneur. Après avoir reçu l'instruction religieuse pendant neuf à quinze mois, trois heures de leçons par jour et montré qu'ils étaient en état d'enseigner l'essentiel du christianisme, ces hommes furent placés selon le besoin comme catéchistes à la tête des troupeaux. Le Seigneur bénit évidemment cette mesure dictée par le besoin, et jusqu'ici elle a été en usage.

Les Missionnaires songèrent de plus à faire des règlemens et à établir une discipline pour le maintien de l'ordre extérieur et le bien spirituel des troupeaux. En voici les points principaux.

Tout individu qui témoigne le désir d'être instruit dans la religion chrétienne doit être admis, quelles qu'aient été d'ailleurs les circonstances de sa vie passée, sous la promesse qu'il renoncera à l'idolâtrie et qu'il s'appliquera à l'étude de la parole de Dieu, à la foi et à la sainteté.

Chaque troupeau est placé sous la direction d'un catéchiste, capable d'enseigner la Parole de Dieu et de paître les âmes. Il peut vaquer à tous les offices d'un pasteur, si ce n'est baptiser, administrer la Ste Cène, l'excommunication et le divorce.

A chaque catéchiste est adjoint un ancien, pour l'aider à maintenir l'ordre et veiller sur les mœurs. Cet ancien est appointé par les Missionnaires, qui dans le choix n'ont égard qu'à la piété, à la conduite, aux connaissances chrétiennes et aux autres choses qui peuvent lui donner une influence bienfaisante sur les autres membres du troupeau.

Une maison de prière ou une chapelle est bâtie à l'usage de chaque troupeau, à la construction de laquelle tout membre contribue selon ses moyens.

Il y a soir et matin dans chaque chapelle une réunion pour la prière et l'explication de la Parole de Dieu, à laquelle les chrétiens sont tenu d'assister aussi souvent que possible.

Chaque chrétien qui en est capable apprend par cœur le catéchisme introduit dans l'église, qui lui est expliqué par le catéchiste.

Nul ne doit être admis au baptême sans qu'il possède une connaissance claire des vérités nécessaires au salut, et sans qu'il aît donné par sa conduite des preuves qu'il est un vrai membre de l'église de Christ.

Tout membre de l'église qui mène une vie contraire aux commandements de Dieu doit être exclu de la Ste Cène, après avoir été exhorté et repris sans fruit, premièrement par le catéchiste, puis par les Missionnaires. Si après cela il persévère dans son mauvais train, il est excommunié; si après cela il donne des preuves d'une vraie repentance il est réadmi.

Chaque mois les catéchistes et les maîtres d'école se rendent auprès des Missionnaires, où ils restent quatre jours, pour faire rapport détaillé de l'état de leurs congrégations et de leurs écoles, recevoir leurs directions fraternelles et être instruits plus avant dans la Parole de Dieu. Cette discipline et ces règlemens sont restés à peu près les mêmes jusqu'à ce jour.

Ainsi au milieu de la nuit et des abîmes de corruption du paganisme s'élevait une église qui par sa foi, sa charité et sa sainteté était destinée à faire briller les vertus de Celui qui l'a appelée des ténèbres à sa merveilleuse lumière.

Les Missionnaires sentirent bientôt que le plus sûr moyen d'avancer le bien des troupeaux était de les visiter souvent; et dans ce but eux et leurs successeurs se sont appliqués à faire de fréquents voyages parmi eux. Ainsi qu'on doit s'y attendre leurs occupations ont dû varier selon les circonstances, selon les tems, selon les lieux et selon les personnes avec lesquelles ils ont eu à faire. Le peu que je dirai ici donnera une idée assez juste du tout. Le Missionnaire, ainsi que les autres Européens dans les Indes, voyage en palanquin ou à cheval; et comme le climat ne lui permet de voyager que la nuit, il arrive ordinairement avant le lever du soleil au milieu de l'un ou de l'autre des troupeaux, et prend son logement pour ce jour dans la chapelle; bientôt tous les membres du troupeau se rendent auprès de lui et il prie avec eux et leur donne une courte explication de quelques versets de la parole. Cela fait les gens se retirent tous à la réserve du Catéchiste et de l'Ancien qui lui donnent un rapport détaillé de l'état du troupeau; et s'il y a quelques-uns de ses membres qui désirent être reçus dans l'église par le baptême ils le lui font aussi connaître; et pendant cette entrevue on arrange ordinairement tout ce qui a rapport à la discipline. Vers les onze heures on se réunit de nouveau et, après qu'on a chanté un cantique, le Missionnaire fait réciter le catéchisme aux membres du troupeau et leur adresse quelques questions touchant les doctrines et les préceptes de notre sainte religion; puis il examine sur les mêmes points, mais beaucoup plus strictement, ceux qui désirent être baptisés. Il tâche surtout de s'assurer par différentes questions que fournissent l'Ecriture et l'expérience de chaque vrai chrétien, s'ils ont cette foi au Sauveur par laquelle seule le pécheur peut être justifié devant Dieu, et lorsqu'il a ainsi obtenu une connaissance suffisante de leur état il permet à ceux qu'il juge duement préparés à se présenter à la réunion du soir comme candidats au baptême, et aux autres il fait voir la nécessité d'une préparation plus complète et remet leur baptême à un autre tems. Après cinq heures du soir il fait ordinairement une promenade, et quand l'occasion le favorise il prêche l'évangile aux payens, en plein air. A sept heures du soir les arrangemens nécessaires pour le baptême étant faits, on se réunit de nouveau. Les candidats au baptême, les témoins, le catéchiste et l'ancien se placent devant la table, en face du Missionnaire et on commence comme à l'ordinaire par un cantique, une prière et un discours abrégé, le tout ayant rapport à la sainte œuvre, dont on s'occupe plus particulièrement et tendant à en faire sentir la grande importance. Puis le Missionnaire s'adressant plus particulièrement aux candidats au baptême leur représente encore une fois la sainteté de la profession qu'ils vont embrasser, les devoirs et la responsabilité qu'elle leur impose, les persécutions auxquelles elle les exposera, et les exhorte à suspendre et à refléchir encore pendant quelque tems, plutôt que de l'embrasser légèrement. Alors chacun des candidats fait connaître dans une confession abrégée de sa foi les raisons qui l'ont engagé à aspirer au baptême. Sur quoi le Missionnaire leur adresse à tous les questions suivantes, et les exhorte à y répondre comme en présence du Dieu tout-sachant.

Croyez vous qu'il n'y a qu'un seul et vrai Dieu, le Père, le Fils et le St. Esprit et que Vouichnou, Brahma, Chiven, Soupramanien et tous les autres faux dieux que vous et vos pères adoriez ne sont que vanité?

Croyez vous que Dieu le Père, qui est le Créateur et le Conservateur de toutes choses, a dans sa miséricorde infinie envoyé Jésus Christ son Fils unique dans le monde, pour sauver les pécheurs, rendus tels par la chute de nos premiers pères?

Croyez vous que Jésus-Christ, par sa naissance, par sa vie et son exemple, par sa mort, par sa résurrection, par son ascension et par son intercession, ait procuré le salut entier des pécheurs et soit devenu leur parfait Sauveur; ensorte que toutes les modifications, toutes les purifications et tous les sacrifices dont les payens font usage ne peuvent vous délivrer du péché et de la condamnation?

Croyez vous que ce soit le St. Esprit qui vous applique la justice et les mérites du Sauveur et qui produise en nous la foi, l'espérance, la charité et la grâce de haïr le péché, d'y résister ainsi que de marcher dans la sainteté et la justice tous les jours de notre vie?

Êtes-vous résolus, avec l'assistance de cet Esprit de grâce, de renoncer de plus en plus à toute espèce d'idolâtrie, aux superstitions et aux pratiques criminelles des payens, aux vains plaisirs du monde, aux souillures de la chair et de vous appliquer à l'étude et à la pratique des commandemens de Dieu et à vivre en toute chose d'une manière digne de votre nouvelle vocation?

Lorsque les candidats ont répondu séparément à ces questions, le Missionnaire s'adresse au catéchiste, à l'ancien et à toute l'assemblée et leur dit: Je vous conjure de me déclarer devant Dieu, si vous connaissez quoi que ce soit dans la conduite de l'un ou de l'autre des individus ici présents, qui soit de nature à être un empêchement à son baptême. Il arrive quelquefois, mais rarement, que des oppositions sont faites. Alors l'individu qu'elles concernent est prié de se retirer et la chose est ensuite examinée. Cela fait le Missionnaire récite une courte prière et administre le baptême au nom du Père, du Fils et du St. Esprit, puis posant les mains sur chacun des nouveaux convertis, il prononce une bénédiction que l'assemblée demande au Seigneur de ratifier dans le ciel; on chante enfin un cantique et le tout se termine par une courte exhortation et par la prière. Ce service dure ordinairement plus de deux heures. Le baptême ainsi administré est évidemment en grande bénédiction dans le Tinnévelly, non seulement à ceux qui le reçoivent, mais à toute l'assemblée; et il arrive souvent que cette solemnité produit de salutaires impressions sur ceux qui jusqu'alors avaient été indifférents. Les petits enfans sont baptisés avec leurs pères et mères si tous les deux y consentent. De ce troupeau le Missionnaire passe à un autre, où il remplit à-peu-près les mêmes devoirs; et après huit à douze jours d'absence il retourne à la maison. Ces courses sont répétées chaque mois, s'il est possible.

Maintenant les Missionnaires du Tinnévelly font plus usage qu'autrefois de l'excellente liturgie de l'église d'Angleterre pour les baptêmes, aussi bien que pour les services du dimanche et des autres occasions.

Mais reprenons le fil de notre récit. Le nombre des troupeaux s'éleva en peu de tems à plus de quarante; et les voyages fréquents des Missionnaires Rhenius et Schmid ne suffisaient plus pour leur donner toute la surveillance qu'ils exigeaient. Cette circonstance et plusieurs autres les engagèrent à se faire assister dans cette œuvre importante par quelques catéchistes capables d'y prendre part. A chacun de ceux-ci ils assignèrent un district et lui imposèrent le devoir de visiter tous les catéchistes et les troupeaux qui s'y trouvaient, de leur prêcher la parole de Dieu, de les assister de leurs conseils, de remédier, autant que possible, aux désordres existants, d'annoncer l'évangile dans les endroits où la lumière n'avait pas encore pénétré, et à la fin de chaque mois de faire aux Missionnaires un récit fidèle de l'état des choses. Cette mesure aussi a servi et sert encore à avancer le Règne de Dieu.

Cependant le Seigneur indépendemment de tous ses moyens se préparait ça et là des témoins de la vérité qu'il destinait à des choses bien importantes. Je citerai pour exemple quelques traits de l'histoire du cher frère Thomas, homme à talents mais original jusqu'à la bizarrerie. Je l'ai choisie à cause de sa singularité. Quoiqu'il fut né de parents riches et respectables, il ne sut jamais tirer parti de cet avantage. Déjà dans sa jeunesse il quitta la maison paternelle, s'appliqua à l'étude de la magie, et se forma un système de philosophie, ou plutôt de folie, où personne ne comprenait rien. Il n'en était pas satisfait lui-même et sentait toujours dans son âme un vide qu'il cherchait à remplir par l'invention d'autres chimères, mais qui le laissaient inquiet comme auparavant. Il rêva une nuit qu'il était entré dans une petite chapelle, où il vit un homme blanc, habillé de blanc et à genoux, qui priait avec une grande ferveur, disant des choses qu'il ne put se rappeler dans la suite, mais qui répandaient la paix et la consolation dans son âme. A son réveil il ne douta pas que quelque dieu ne lui fut apparu et qu'il ne lui déclarat bientôt la vérité toute entière. Environ une année après, arrivé au village de Padoukapatton, il est comme entrainé par une foule de personnes qui précipitaient leurs pas du côté d'une petite chapelle, qui le frappa d'abord comme ressemblant à celle qu'il avait vue en songe; mais son étonnement redoubla lorsqu'approchant de la porte il vit l'homme blanc vêtu de blanc, à genoux, en prière et en tout point lui paraissant être l'original de celui qu'il avait vu en songe. C'était le frère Rhenius qui était venu dans cet endroit pour en visiter la congrégation. Ce qu'il dit dans sa prière et ce qu'il dit ensuite pénétra l'âme de ce pauvre magicien, ainsi que pénètre une épée aigue à deux tranchants. Il fut frappé d'une force semblable à celle qui terrassa Saul sur le chemin de Damas. L'étonnement et l'agitation de son âme étant trop grande alors pour s'expliquer, il se contenta de demander au Missionnaire la permission d'aller le trouver à Palamcottah et de s'entretenir avec lui sur une chose importante. Il vint au jour fixé et la conversation qu'ils eurent ensemble fut si bénie, qu'il saisit d'abord avec foi la doctrine de la justification parfaite du pécheur par le sang et les mérites du Sauveur, doctrine qui a depuis fait sa joie et sa consolation. Ayant été instruit depuis plus parfaitement dans la Parole de Dieu, il devint catéchiste et a annoncé depuis plus de dix-huit ans à bien des milliers de payens la grâce de Dieu en Jésus. Il en a amené plusieurs à la repentance et il a consolé bien des affligés. Quoique Thomas, ainsi que tout autre serviteur de Jésus Christ, porte son trésor dans un vaisseau de terre, il est vrai de dire que par son zèle pour la gloire de Dieu, par sa foi dans les privations et les revers, par son amour pour les frères, par sa charité envers les pauvres, par la sainteté de sa vie, par sa persévérance dans la prière et par son application à l'étude de la parole de Dieu, il a fait voir que le chrétien ne demeure pas dans le péché afin que la grâce abonde. On observe encore dans sa conduite la singularité de son caractère, qui ne sert maintenant qu'à faire ressortir et à mettre dans un plus grand jour l'œuvre de la grâce qui s'accomplit en lui. Un jour il vint me voir tout joyeux et me dit: Aujourd'hui j'ai éprouvé ma femme et grâces à Dieu, j'ai trouvé qu'elle craint Dieu plus qu'elle ne me craint. Voici comment je m'y suis pris: Elle était en prières: je l'appelai à haute voix par son nom; mais à ma grande joie elle ne me répondit pas. Je l'appelle une seconde fois; mais avec un ton de voix qui marquait toute l'autorité d'un mari; même silence. Quelques instants après elle m'aborde en me disant: «ne vous fâchez pas, lorsque vous m'avez appelé j'étais en prières et vous savez que lorsqu'on parle à Dieu on ne doit pas prêter l'oreille aux hommes.» «Très bien, mais pour qui as-tu prié?» «J'ai prié pour vous, pour nos enfans, pour le troupeau confié à nos soins et pour moi.» «Qu'as-tu demandé pour moi?» «Que Dieu vous pardonne vos péchés.» «Mes péchés! et quels péchés ai-je commis?» Sur cela ma femme se mit à pleurer et dit: «Ce matin, il vint un pauvre qui demanda l'aumône, et vous avez dit que vous n'aviez rien à lui donner, et pourtant je savais que vous aviez de l'argent attaché au coin de votre mouchoir. N'est-ce pas là un péché?» La croix du chrétien n'est autre chose, me disait-il dans une autre occasion, que la volonté de Dieu et la nôtre qui se croisent. Thomas a beaucoup de talents pour la poésie et il a mis tout l'ancien et le nouveau testament en vers tamil. Il a élevé sa famille d'une manière admirable et les deux aînés de ses fils sont déjà employés à l'œuvre du Seigneur. Si quelqu'un en lisant ce récit se sent disposé à critiquer la manière dont Thomas a été converti, je dirai que ce n'est pas moi qui l'ai converti; si c'était moi je m'y serais pris d'une autre manière; mais les voies de Dieu ne sont pas nos voies.

Vers l'année 1826 plusieurs congrégations se formèrent dans les Ghauts, à dix lieues environ au sud de Palamcottah et le comité de Madras ayant bâti une maison de mission parmi elles y envoya le Missionnaire Winkler pour les diriger. Cet établissement qui fut nommé Dohnavour devint le second de la mission du Tinnévelly. Nonobstant les coutumes et les préjugés qui s'opposent dans le Tinnévelly à l'éducation des femmes, le Seigneur avait tellement béni sa Parole qu'en général celles qui étaient membres de nos congrégations apprenaient avec joie le catéchisme qui est introduit à l'instruction de nouveaux convertis. Sans doute, il y en avait aussi plusieurs qui montraient peu de bonne volonté et qui même dans l'occasion faisaient voir toute la répugnance que les préjugés peuvent faire naître; mais il y en avait aussi plusieurs, et même parmi celles qui jusqu'à leur trentième ou quarantième année avaient vécu dans une ignorance complète de tout ce qui peut servir à la culture de l'esprit, qui s'appliquaient avec une ardeur admirable à l'étude de la science du salut; aussi les progrès qu'elles faisaient étaient-ils surprenants. Quelques-unes avaient déjà appris par cœur tout le catéchisme et possédaient une connaissance simple mais solide de la voie du salut par Jésus. Tout cela encouragea beaucoup les Missionnaires à s'occuper toujours plus sérieusement de l'éducation des femmes. Ils établirent une école de filles à Palamcottah, qui fut confiée aux soins de la veuve du Missionnaire Schnarre. Les filles qui y furent admises et qui venaient des différens troupeaux, vêtues et nourries gratuitement recevaient une éducation propre à les rendre dans la suite capables d'instruire leurs pauvres et ignorantes compatriotes. La chose était nouvelle et extraordinaire dans cette province, et aussi les commencements furent-ils pénibles et exposés à bien des revers. Pourtant depuis lors plusieurs écoles ont été établies plus ou moins d'après le même plan. Elles sont dirigées par les femmes des Missionnaires et le Seigneur les a évidemment bénies. Plusieurs de ces filles ont été mariées à des catéchistes. D'autres sont employées comme institutrices, ou sont d'une autre manière occupées au bien des troupeaux. Il y en avait aussi quelques-unes qui sont mortes, se réjouissant au Seigneur. D'autres n'ont pas donné tant de satisfaction. Outre ces écoles dirigées par les femmes des Missionnaires, on en a encore établi dans les plus grandes congrégations et qui vont bien aussi. Tous ces moyens ont servi dans la main du Seigneur à relever ces femmes de l'état avillissant où l'idolâtrie les avait réduites. Le changement que la connaissance du christianisme a opéré dans ces pauvres créatures est bien réjouissant: leur extérieur aussi bien que leur intérieur a changé. Les moyens suggérés par la nécessité sont ordinairement ceux qui réussissent le mieux, comme le prouve la plus grande partie des institutions de la mission de Tinnévelly. Plusieurs villages entiers, comme nous l'avons vu, avaient reçu l'évangile, dans d'autres les habitans étaient divisés, une partie tenait pour l'évangile et l'autre partie pour les superstitions de leurs pères. Mais dans tous les endroits où le nombre des chrétiens était fort, ils se soutenaient mutuellement et pouvaient ordinairement se maintenir contre les attaques des payens, qui d'ailleurs n'étaient jamais bien unis. Mais il en était bien autrement dans les villages où il n'y avait qu'un ou quelques individus qui eussent saisi la vérité. Ceux-ci étaient souvent maltraités et persécutés par le reste au point de se voir obligés, ou de renoncer au christianisme, ou d'abandonner leur endroit. Il y avait aussi ça et là un bon nombre de personnes qui étaient secrètement partisans de l'évangile; mais la crainte de participer à ses souffrances, et aux maux auquels étaient en but leurs compatriotes plus décidés, les retenaient et ils attendaient pour faire une profession ouverte du christianisme un tems plus propice. Ces circonstances engagèrent les Missionnaires et quelques chrétiens indigènes à former le plan de se procurer çà et là des pièces de terre, où les chrétiens indigènes persécutés pour la vérité et tout autre qui désirait la connaître pussent trouver un asile, bâtir des habitations et servir le Seigneur en paix. Ce plan fut proposé au comité de Madras qui l'approuva et autorisa les Missionnaires à le mettre à exécution. Ceux-ci parvinrent à acheter quelques pièces de terre, sur lesquelles se formèrent bientôt des villages; les indigènes venant de tous côtés y bâtir des maisons. Mais ces acquisitions étaient soumises à des difficultés presqu'insurmontables; la politique du gouvernement anglais mettant partout obstacle à ce que les sociétés européennes possèdent des terres dans les Indes. On se vit ainsi contraint à recourir à d'autres mesures. Les indigènes eux-mêmes formèrent une société, qui fut nommée la société philanthropique et qu'ils placèrent sous la direction des Missionnaires. Par leurs propres ressources et l'assistance de quelques amis ils achetèrent çà et là selon le besoin des terrains sur lesquels on vit bientôt s'élever de beaux villages, dans chacun desquels on a bâti une chapelle et établi des règlemens pour le bien commun des habitans. Les chrétiens peuvent y vivre en paix, ce qui a ordinairement lieu, étant journellement nourris de l'évangile et livrés aux travaux de leur vocation. Le chrétien qui voyage dans ces contrées payennes ne rencontre plus ici ces désordres et ces scènes dégoutantes qui sont les fruits nécessaires de l'idolâtrie; mais il est consolé par la vue de l'ordre, de la propreté, et celle d'une église consacrée au Dieu vivant, dans laquelle accourent soir et matin des adorateurs qui vont lui rendre leurs actions de grâces et leurs prières. Ici il est salué, reçu et traité comme un ami et comme un frère. L'évêque de Madras, qui en 1840 visita la mission du Tinnévelly, fut frappé de l'ordre qui règne dans ces villages chrétiens. Quant aux habitans, dit-il, je ne pouvais pas m'entretenir avec eux, ne connaissant pas leur langue; mais la joie qui brillait sur leurs figures, lorsqu'ils se pressaient autour de leurs ministres pour les saluer, faisait assez voir qu'ils appartiennent à l'église de Christ. Le nombre des villages tant ceux qui ont été achetés par la S. E. D. M. que ceux qui appartiennent à la S. P. monte à près de 40. Kadatchapouram, qui est le plus grand, est peuplé de mille âmes au moins.

Vers l'année 1829 deux Sagnassis, tous

deux de la secte de la Yogam, se convertirent à l'évangile et furent baptisés. L'un fut nommé Samuel et l'autre Abraham. Samuel fréquentait auparavant les montagnes et les lieux retirés, portant un collier de fer, qu'il ne pouvait ôter et qui lui pressait le cou, et comme ce collier avait environ trois pieds de diamètre, il ne pouvait jamais se coucher. Un de nos catéchistes le rencontra un jour et lui demanda, s'il se sentait maintenant plus dégagé de l'empire des sens qu'au jour où il avait pris ce collier. Il lui répondit ingénûment, qu'au contraire il se trouvait plus esclave et plus inquiet que jamais. Sur quoi le catéchiste lui proposa Christ, comme le seul qui put le délivrer du péché et lui dit plusieurs choses propres à lui faire sentir cette grande vérité. Ce discours fit impression sur le Sagnassi; mais ne voulant pas renoncer légèrement aux fruits qu'on lui avait tant promis de son long martyre, il demanda au catéchiste, s'il n'y avait pas quelque Gourou (Grand prêtre) qui put l'instruire plus à fond de ces choses. Le catéchiste lui indiqua le Missionnaire Rhénius, auprès duquel il se rendit. Celui-ci lui fit voir l'inutilité de tout effort humain pour soustraire l'homme à l'empire du péché et le plan admirable que Dieu lui-même a formé dans ce dessein et qu'il a accompli par l'envoi de son fils dans le monde.

Il lui parla des mérites de ce Sauveur, de la foi, du pardon des péchés et de l'esprit sanctificateur; enfin il lui révéla tout le conseil de Dieu pour notre salut. Le Sagnassi reçut la grâce de saisir ces vérités. Elles lui parurent claires et adoptées à son état. Sur quoi il envoya chercher le maréchal pour le débarasser de son collier, qui dans le système de la grâce de Dieu en Jésus ne pouvait lui servir de rien. Depuis son baptême il a été employé à annoncer l'évangile, de quoi il s'est acquitté avec beaucoup de simplicité; c'est un témoignage qu'on ne peut lui refuser quoiqu'il ait bronché une fois. Il est maintenant encore occupé au service de son maître.

Abraham, quoiqu'appartenant à la même secte que Samuel, avait mené une vie moins austère. Je ne me rappelle plus les circonstances de sa conversion; mais pendant le peu d'années, qu'il passa depuis sur la terre, il fut très-actif à annoncer l'évangile et il fut un instrument béni pour en amener plusieurs à sa lumière, parmi lesquels on peut compter l'excellente femme de Sembagapouram et les autres membres de ce troupeau, faisant servir à ce but son talent pour la poésie. Il composa quelques belles pièces sur les sujets tirés de l'évangile qui l'intéressaient le plus, et qu'il allait chanter de village en village, en expliquant ensuite le contenu. Cette manière d'annoncer l'évangile, qui est bien proprement la manière des Indous, lui procurait toujours un auditoire nombreux, sur lequel il faisait souvent une impression favorable. Dans l'un de ses voyages il fut atteint du choléra-morbus, dont il mourut.

Vers l'année 1830 le Missionnaire Winkler quitta le Tinnévelly et fut placé par le S. comité de Madras à Paliacote pour diriger cette station; à-peu-près dans le même tems le Missionnaire Schmidt fut obligé de quitter aussi son poste pour se rendre dans les montagnes du Neilgherry qui font partie de la chaîne des Ghauts, dans le dessein d'y rétablir sa santé, complètement délabrée par dix années de travaux pénibles et assidus; mais le séjour de cette contrée ne lui ayant pas été salutaire, il fut obligé de revenir en Europe, où il est encore. — Ce cher frère a beaucoup fait pour l'établissement du christianisme dans le Tinnévelly. Il s'occupait surtout des écoles et possédait un talent particulier tant pour les diriger, que pour les établir. Les chrétiens se ressouvinrent encore de lui avec un intérêt qui fait voir combien ils l'estiment et lui sont attachés. Dans l'année 1831 je fus envoyé à Palamcottah par le comité de Madras pour assister le Missionnaire Rhenius, qui était seul chargé du poids de la Mission, après avoir été employé près de cinq ans à l'œuvre des Missions, tant à Mayavaram qu'à Madras. Je dois à la vérité de dire, que les conseils et l'amour fraternel de cet excellent frère m'ont été en grande bénédiction, non seulement dans les commencemens de mes rapports avec lui, mais pendant tous le tems que j'ai été son collaborateur. Mon occupation était de diriger les écoles, dont le nombre s'élevait à plus de 70, à prêcher l'évangile aux chrétiens et aux payens et à baptiser ceux d'entre les catéchumènes qui me semblaient posséder les connaissances et les dispositions requises. Dans ce but je faisais de fréquents voyages dans la contrée m'efforçant par tous les moyens en mon pouvoir d'avancer l'œuvre que le frère Schmidt avait quitté. Le frère Rhénius, plus particulièrement chargé de la direction des églises et du séminaire, employait le tems que ses occupations lui laissaient, à écrire des livres et des traités dans la langue Tamil, pour l'usage des élèves du séminaire, pour l'édification des églises et pour l'instruction des payens, ouvrage que les progrès rapides du christianisme rendaient de plus en plus nécessaire et pour lequel il possédait des talens distingués.

Jusqu'ici la religion chrétienne n'avait pu s'établir que dans le sud et l'est de Palamcottah.

Dans l'ouest quelques villages seulement avaient fait des efforts pour secouer le joug du paganisme et s'étaient même hautement déclarés pour l'évangile; mais les oppositions des adversaires furent si vives et si persévérantes qu'à l'époque où nous sommes le christianisme ne comptait plus de ces côtés-là que quelques partisans intimidés. Le nord (à l'exception de trois ou quatre petites congrégations, à une distance de quelques lieues seulement de Palamcottah) offrait encore d'épaisses ténèbres et ses portes d'airain étaient encore fermées à l'évangile. On y avait prêché la Parole de Dieu, répandu des traités, on était même parvenu à y établir quelques écoles; mais tout avait rencontré tant de résistance, que tout était resté en apparence sans fruit. Quelques individus seulement venaient de tems en tems comme à la dérobée demander aux Missionnaires des éclaircissemens sur tel et tel point de la religion chrétienne, et sans s'expliquer eux-mêmes, et sans nous laisser pénétrer leurs motifs, ils s'en retournaient d'une manière aussi mystérieuse qu'ils étaient venus. Il convient d'observer ici que le nord de la province est encore presque entièrement sous la puissance des Sémindars, de ces Seigneurs féodaux dont j'ai déjà parlé (ce qui n'est plus le cas dans le sud) qui quoique tributaires du gouvernement anglais, ou plutôt de la compagnie des Indes, qui les a privés de tout pouvoir judiciaire, conservent encore assez de pouvoir civil pour être à même d'opprimer leurs vassaux et de les retenir dans les limites que leur ambition et leur avarice ont tracées. La nouvelle des progrès étonnants de la religion chrétienne dans le sud avait alarmé ces Sémindars, et chacun d'eux s'était hâté de prendre les mesures qu'il croyait les plus efficaces, pour que cette religion qui éclaire les nations, et qui est ennemie de la tyrannie et de l'injustice, ne s'introduisit et ne s'établit dans son territoire. Voilà la principale cause de cette résistance. Mais le Seigneur fit alors voir que c'est en vain que les rois de la terre s'assemblent et que les princes consultent ensemble contre l'Eternel et contre son Oint. Ce fut d'abord dans les terres du puissant Sémindar d'Outou Malai et dans les environs que l'œuvre de Christ se manifesta. Le feu longtems caché sous la cendre s'éleva soudainement en flammes, dont rien ne put réprimer la violence. Dans l'espace de peu de mois une grande partie des habitans de Virakairalamboudour, de Kourouvankotai, de Parankoudapouram, d'Adchankoundam, de Kourouvantavor, de Kouripenkoulam, de Ladchemipouram, de Sorandai et de plusieurs autres villages, ensemble plus de quinze-cents personnes, avaient secoué le joug de l'idolâtrie et demandaient instamment à être instruites dans la religion chrétienne. A cette vue le Sémindar resta comme pétrifié d'étonnement et de rage. Incertain sur les mesures qu'il devait prendre pour s'opposer à la religion des Pariah (c'est de ce nom avilissant que les payens Indous nomment l'évangile) et pour l'écraser, il resta tranquille pendant quelque tems. Ce tems perdu pour lui fut employé par nous à faire les arrangemens qui devaient avec l'assistance de Dieu assurer pour toujours l'établissement du christianisme dans cette contrée. Nous formâmes ces villageois en troupeaux et introduisîmes parmi eux la discipline et le culte chrétiens; nous bâtimes des maisons de prières, partout où il nous fut possible, et n'ignorant pas que la lutte commencerait aussitôt que le lion serait sorti de sa stupéfaction, nous plaçâmes les plus prudents et les plus courageux de nos catéchistes à la tête des troupeaux pour soutenir les premiers chocs de l'assaut qui se préparait; cela fait dans un profond sentiment de notre faiblesse, remettant notre cause à Dieu et exhortant nos chrétiens à veiller et à prier, nous attendîmes les coups. Revenu à lui-même le Sémindar vit avec un nouvel étonnement des églises chrétiennes déjà organisées presque dans toute l'étendue de son district. La persécution à laquelle on s'attendait commença en effet, et dura près d'une année. Il serait bien trop long d'en rapporter toutes les circonstances, il suffira de dire que tous les moyens de violence et de fraude, auxquels peut avoir recours une politique entravée par un gouvernement supérieur, furent employés pour forcer les chrétiens de revenir à leurs anciennes superstitions. On faisait agir toutes sortes d'intrigues pour les décrier auprès du gouvernement et les faire paraître comme des gens turbulens et dangereux. On inventait des prétextes pour leur enlever leurs terres et les priver d'autres moyens d'existence. On leur ôtait tout emploi de quelque importance, pour en investir leurs plus mortels ennemis. On usait de promesses et de violence pour les forcer à prendre part à des actes d'idolâtrie. Le catéchiste Jacob, homme pieux, zélé, doué d'un courage et d'une patience à toute épreuve, fut surtout l'instrument dont se servit le Seigneur dans ces tems orageux pour soutenir la foi et la patience des chrétiens. Il était infatigable et se trouvait toujours à l'endroit où se portaient les plus grands coups. Sa présence intimidait toujours les ennemis et inspirait de la confiance aux plus faibles. Ses ennemis virent enfin qu'il fallait ou le gagner ou le perdre. On lui promit de la part du Sémindar de la fortune et des honneurs, s'il voulait abandonner la cause des chrétiens; mais ces promesses n'ayant produit d'autres effets sur lui, que de le rendre plus vigilant et plus actif encore, on eut recours à un stratagème qui devait le conduire à la potence. Voici comment on s'y prit. Un individu ennemi des chrétiens mourut d'une maladie qui ne dura que quelques jours. Les Brahmins de l'endroit, sans doute incités par le Sémindar, engagèrent par des récompenses la veuve du défunt et d'autres faux témoins à déposer devant le juge anglais que Jacob l'avait assassiné. Jacob fut pris, et comme on le conduisait en prison, il reçut du juge, auquel les gendarmes l'avaient présenté, la permission de venir nous voir. Nous n'étions pas sans inquiétude sur le compte de Jacob. Le défunt avait été son ennemi comme étant du parti opposé. Les témoins jusqu'alors s'étaient accordés à dire qu'il en était l'assassin, et connaissant son caractère impétueux, nous ne savions jusqu'à quelle extrémité auraient pu le porter les injustices et les provocations de son adversaire. Pourtant les principes vraiment chrétiens qu'il avait manifestés jusque là, affaiblissaient nos doutes et nos craintes. Je n'oublierai jamais l'entrevue que nous eûmes alors avec le pauvre Jacob. Le Missionnaire Rhénius jeta sur lui un regard qui lui expliqua bien les sentimens pénibles, qui agitaient en ce moment l'âme du malheureux prévenu, et lui adressa ces paroles: «Ne me cache rien, parle en toute sincérité, es-tu coupable du crime dont on t'accuse? Si tu l'es, confesse-le à Dieu et aux hommes; mieux vaut-il encore en subir la peine et te jeter dans les bras de la miséricorde de ton Dieu, que de provoquer encore sa justice en cherchant à cacher ton crime par le mensonge. Si tu n'es pas coupable, ne crains rien. Dieu confondra la malice de tes ennemis et t'apportera du secours.» Jacob répondit avec le sourire et le ton de voix d'une âme ferme et innocente: «Non, je ne suis pas coupable! les ennemis semblent si bien avoir pris leurs mesures, que je ne sais plus trop comment la chose ira. Peut-être qu'il plaira au Seigneur de me préparer par leurs mains la couronne du martyre. Mais ne vous affligez pas sur mon compte, je ne suis pas coupable, cela doit nous suffire à tous. Veuillez seulement me donner quelques bons livres pour m'aider à passer utilement la durée de mon emprisonnement, si l'on m'y laisse assez de lumière.» Ses manières, son air, son attitude, tout imprimait le sceau de la vérité sur cette déclaration et annonçait une conscience si calme que nous fûmes tout-à-fait rassurés sur son compte. Nous nous mîmes alors à prier Dieu qu'il voulut le fortifier et mettre bientôt son innocence au jour. Le juge après quelques jours examina la chose; et la femme du défunt, épouvantée, avoua enfin que son mari était décédé d'une mort naturelle, et qu'elle avait reçu de l'argent pour déposer que Jacob l'avait assassiné. Puis les faux témoins furent punis, et Jacob relaché vola de suite au champ de bataille. Cette circonstance servit à relever le courage des chrétiens qui auraient pourtant peut-être fini par succomber, si le Seigneur n'était venu à leur aide d'une façon inattendue.

Le Sémindar d'Outoumalay, ayant refusé de payer au gouvernement anglais une forte somme d'argent, qu'il lui devait, fut déposé, et quoique quelques années après il ait été réintégré dans son rang, les troupeaux trouvèrent pourtant pendant l'intervalle le repos dont ils avaient besoin, se rétablirent et obtinrent une stabilité qui les mit en état de résister à tous ses efforts; car le Sémindar d'Outoumalay est encore aujourd'hui l'ennemi le plus déclaré de l'évangile dans le Tinnévelly. Il persécute encore; mais craignant encore le gouvernement anglais, il le fait avec précaution. Après cette lutte du Sémindar d'Outoumalay, l'évangile pénétra bientôt dans les Sémindars d'Elayiroumpanai, de Sivigherry, d'Evarasanenden et dans le Nord jusqu'à Strivilapatour, qui est sur les frontières du Madura. Il s'établit dans chacun de ses Sémindars, après avoir éprouvé une résistance plus ou moins obstinée de la part de chacun des Sémindars. Il n'y eut que le Sémindar de Swelpetty qui parvint alors à ruiner les troupeaux qui s'étaient formés dans ses états et à en repousser le christianisme. Néanmoins il est resté dans plusieurs âmes dispersées quelques semences de la Parole de Dieu, qui avec l'aide du Seigneur germeront sans-doute et porteront des fruits dans la suite; et d'ailleurs nous savons que la Parole de Dieu est une épée aigue à deux tranchants, qui pénètre soit à salut, soit à condamnation.

Les persécutions dans le nord furent tout-à-coup interrompues par une épreuve de la providence qui termina l'existence terrestre d'une douzième partie au moins des habitans de la province. Le choléra-morbus, ayant pris son origine près les montagnes d'Himalaya, et ayant successivement ravagé le Bengale, le Cicars, le Mysore et le Madura, se présenta enfin au milieu de nous sous sa forme la plus effrayante. On aurait dit qu'irrité d'être parvenu au dernier endroit qui pût lui fournir des alimens, il était résolu de lui faire éprouver toute sa rage. (On se souviendra que la province de Tinnévelly touche au cap Comorin.) Il commença ses premiers ravages dans la ville même de Tinnévelly; car c'est ordinairement sur les grandes villes qu'il fait ses premiers assauts, et dans l'espace de peu de jours il avait pénétré dans tous les coins et recoins de la province. Jamais auparavant et jamais après cette maladie toujours terrible n'a fait des ravages si effroyable dans le Tinnévelly. Dans les commencemens pas un sur cinq de ceux qui en étaient attaqués n'en guérissait. Elle attaquait également les personnes de tous pays, de toute condition et de tout âge. L'individu était atteint, sans aucun pressentiment, de vomissemens et d'une diarrhée qui dans quelques minutes l'affaiblissaient à un tel point qu'il ne pouvait plus se soutenir; bientôt ses pieds et toutes les extrémités de son corps devenaient froids comme de la glace; puis il éprouvait une soif brûlante et une angoisse inexprimable et enfin des spasmes violents dans son intérieur mettaient fin à son existence. Dans bien des cas, quatre ou cinq heures suffissaient pour conduire au tombeau l'individu le plus robuste. Dans la ville de Tinnévelly, qui a une population de vingt sept mille âmes, on brûlait chaque jour plus de soixante cadavres; et comme il n'y a pas d'hôpitaux, on trouvait sur les rues et mêmes sur les grands chemins qui y aboutissent des malades couchés, abandonnés et expirants sans secours. Dans la même ville, huit individus de la même famille, demeurant dans une maison, et qui le soir encore jouissaient d'une bonne santé, furent tous attaqués pendant la nuit et le matin il n'en restait plus que deux. On ne saurait se figurer la frayeur et le désordre, qui pendant ces temps terribles régnaient partout. Quoique les Indous soient naturellement indifférents et apathiques, pourtant on pouvait voir l'épouvante et le découragement sur chaque physionomie. Il arrivait souvent que lorsque le choléra sévissait avec violence dans un lieu, la terreur s'emparait des habitants à un tel point, qu'ils se sauvaient à la hâte, abandonnant sans secours amis et parents malades. De semblables choses arrivèrent même quelquefois dans nos troupeaux. Dans celle de Dohnavour, une femme étant violemment attaquée, le mari saisit de frayeur l'abandonna seule et se sauva dans les champs. Privée de tout secours humain elle se rétablit pourtant, ce que le mari ayant appris il voulut retourner à la maison; mais sa femme, irritée de sa conduite, le reçut en lui disant: «Celui qui peut jouer un tel tour à sa femme et l'abandonner à l'heure de l'extrémité comme tu l'as fait, ne peut être un bon mari; ainsi prends ton parti, reste aux champs; car si tu veux rentrer dans la maison moi j'en sortirai et n'y rentrerai jamais.» Elle quitta en effet et demanda son divorce; mais nous réussimes à les réconcilier, après avoir censuré le mari. Avant l'apparition de ce fléau dans la province le gouvernement n'avait pris aucune mesure pour le combattre; en sorte que nous en éprouvâmes toutes les horreurs. Point d'arrangement pour empêcher qu'on abandonnât les malades, ou pour leur apporter du secours; point d'hôpitaux, point de médecins, point de médicamens. Quelques villages furent presque dépeuplés. Quelques Européens aussi succombèrent. L'opium pris à forte dose et l'arac (une eau de vie très forte) étaient les remèdes dont on faisait usage avec le plus de succès. Nous eûmes soin d'en fournir à nos catéchistes, qui devinrent pour ainsi dire les seuls médecins des chrétiens et des payens d'alentour. Nous leur avions expressément enjoint de porter des secours aussi promptement à l'adversaire le plus déclaré du christianisme, qu'à son plus grand partisan; faisant voir ainsi que le chrétien est prêt à faire du bien à tous et qu'il ne connait d'autre ennemi que le péché. Nous fûmes réjouis de voir que les catéchistes plus ou moins suivirent nos injonctions; et plusieurs d'entr'eux montrèrent en mainte occasion une charité et un dévouement qui nous réjouirent et recommandèrent beaucoup aux yeux des payens la sainte religion qu'ils annonçaient. Quant à nous même, quoique nous partageassions avec toute la population l'appréhension que fait naître une telle calamité, cependant nous sentîmes que nous ne pouvions pas exiger de nos catéchistes, ce que nous ne ferions pas nous même et qu'il était de notre devoir comme à l'ordinaire de faire des voyages fréquents pour annoncer l'Evangile aux chrétiens et aux payens et de plus pour leur porter les secours que l'occasion rendait si nécessaires. D'ailleurs nous savions que le péril n'était réellement pas plus grand en voyage qu'à la maison. Ainsi nous confiant pour nous et nos familles à la direction de notre Père céleste, nous étant munis de médicamens et ayant pris les autres mesures que l'expérience recommandait pour les cas d'urgence, nous commencions nos courses qui nous éloignaient toujours pour cinq à dix jours de nos foyers et pendant lesquels nous étions souvent appelés à administrer des secours dans des cas bien urgens. Cependant nous fûmes tous heureusement préservés ainsi que nos familles. Le Missionnaire Rhénius publia aussi un traité par lequel il invitait les habitans de la province à la repentance et à chercher des secours auprès de Celui seul qui peut l'accorder. Ce traité fut lu avec intérêt par les payens et fit beaucoup de bien. Çà-et-là parmi nos troupeaux nous rencontrâmes des exemples de foi qui nous encouragèrent. A Sahkamalpouram vivait un chrétien qui n'avait été instruit que pendant quelques temps dans l'Evangile, mais qui pourtant savait déjà en qui il croyait. De ses trois enfans les deux ainés furent enlevés par le choléra-morbus; ensuite de quoi le plus jeune fut aussi attaqué. Pendant ce temps là, le père affligé criait au Seigneur. Comme il était tout triste auprès de son dernier fils souffrant, quelques uns de ses parents payens survinrent et lui dirent: «La mort de tes deux fils devrait te prouver qu'il est inutile d'espérer plus longtems en Jésus. Va sacrifier aux dieux de tes pères et ils guériront ton fils,» et pour l'inciter à cela ils lui citèrent plusieurs exemples de guérisons qu'ils devaient avoir récemment opérés. Le chrétien lui répondit: «ne me parlez plus de vos faux dieux. Mon espérance en Jésus n'est pas pour cette vie seulement. S'il veut guérir mon fils j'en serai pénétré de gratitude; si non que sa sainte volonté soit faite.» Si je me rappelle bien, ce fils mourut aussi. — Le choléra-morbus continua pendant deux mois dans toute sa force; puis s'affaiblit peu à peu et à la fin de cinq mois environ disparut tout à fait. C'est une chose remarquable que jusque vers l'année 1818, époque où il commença à se manifester dans les Indes, une maladie épidémique, également meurtrière et que les Indigènes nomment Périvarikadchel, avait régné périodiquement; mais depuis que le choléra-morbus s'est manifesté elle a disparu complètement. Peut-être que le choléra et la Périvarikadchel sont la même maladie, sous d'autres symptômes.

En 1832 arrivèrent des députés de Cambam, grand village situé dans une vallée des montagnes des Ghauts et à soixante lieues au moins au nord-ouest de Palamcottah. Ils nous présentèrent une pétition signée de quarante pères de familles au moins, par laquelle ils nous priaient instamment de leur fournir des instructions dans la doctrine du salut. Ils nous disaient aussi que quelques chrétiens du Tinnévelly, en passant par leur vallée s'y étaient arrêtés pendant quelques tems et y avaient annoncé l'évangile, qui avait été goûté par un grand nombre des habitans; mais que les signataires seulement avaient eu le courage de renoncer ouvertement aux idoles. Cette nouvelle nous réjouit; mais où trouver les moyens pour subvenir à tant de besoins? c'est ce que nous ne savions pas. Dans cet embarras nous renvoyâmes les députés en leur promettant de donner à leur pétition toute l'attention qu'elle méritait. Après quelques arrangemens nous nous vîmes en état de leur envoyer un catéchiste et après bien des combats et quelques revers la religion chrétienne a fini par prospérer dans cette vallée. Des mouvemens religieux bien prononcés se manifestèrent aussi vers le sud-ouest, contrée qui sous notre point de vue avait été jusqu'ici bien stérile. Voici comment ils commencèrent. Quelques enfans de notre école d'Odalkarai avaient coutume le soir en retournant à la maison de prendre leur catéchisme avec eux et de l'apprendre à la lueur de la lampe domestique. Leurs parents entendirent d'abord avec indifférence les vérités simples et sublimes qu'il contenait; mais peu à peu elles excitèrent leur attention, puis leur intérêt, et produisirent enfin en eux la conviction que la religion chrétienne est la seule véritable. Dix familles renoncèrent aux idoles et embrassèrent le christianisme. Ces exemples furent bientôt imités par un grand nombre des habitants des villages voisins. Ainsi la parole de Dieu avait un libre cours et était glorifiée. Dieu disposait évidemment les cœurs à la recevoir.

Dans le courant de cette année et de l'année suivante nous fumes réjouis par l'arrivée des Missionnaires Muller, Fjellstedt et Lechler envoyés par la société épiscopale pour nous assister; mais il n'y eut pourtant que le frère Muller qui pût y prendre une part permanente. Le frère Fjellstedt et sa femme, après avoir lutté pendant plus de deux ans contre le climat, après avoir essayé des changemens d'air et d'autres moyens pour le rétablissement de leur santé, furent finalement obligés de retourner en Europe. Lechler fut aussi obligé de quitter pour la même raison.

Maintenant si nous jetons un coup d'oeil sur nos troupeaux, ils nous offrent l'idée d'un hôpital, où se trouvent toutes sortes de malades. Sur un grand nombre on aperçoit des symptômes qui font présager une parfaite guérison; mais sur un grand nombre aussi les moyens dont on fait usage n'ont encore opéré, du moins en apparence, aucun changement. Ceux qui connaissent l'histoire de l'église de Christ, ainsi que leurs propres cœurs et l'abîme d'idolatrie, d'où les membres de nos troupeaux ont été tirés, ne s'attendront à rien de mieux. Tous avaient bien renoncé aux idoles et étaient instruits dans la parole de Dieu; mais la corruption naturelle de leurs cœurs, renforcée encore par l'éducation payenne qu'ils avaient reçue, opposait toujours beaucoup de résistance aux influences bénignes de l'évangile et se manifestait çà-et-là par des effets qui nous causaient beaucoup de crainte et d'inquiétude. Quelques restes d'attachement aux castes et aux autres coutumes et superstitions de leurs pères, que l'occasion mettait au jour, produisaient souvent des haines, des divisions et quelquefois des actes d'idolatrie qui troublaient la paix et la prospérité des troupeaux. Ces habitudes payennes se reproduisaient surtout dans les mariages, dans les enterremens et dans les autres occasions publiques qui sont communes aux chrétiens et aux payens. Plusieurs retombaient dans l'impureté. La tromperie et le mensonge sont les vices les plus communs chez les Indous et les chrétiens n'en revenaient que difficilement et presque jamais sans broncher. Mais il y en avait aussi un bon nombre qui avec l'aide de la grâce veillaient et priaient, combattaient leurs mauvais penchants et faisaient des progrès bien réjouissants dans la sanctification. On remarquait chez eux un avancement sensible dans la connaissance de la Parole de Dieu, dans l'humilité, dans le renoncement aux coutumes du monde, dans l'amour du prochain et dans la pratique de toutes sortes de bonnes œuvres. Plusieurs d'entr' eux travaillaient selon leurs moyens et avec zèle à l'avancement du règne de Dieu parmi les payens et souffraient avec une fermeté chrétienne les tribulations de tous genres que leur attirait leur sainte profession.

Quelques morts édifiantes qui eurent lieu dans nos troupeaux servirent aussi à nous convaincre que la grâce de Dieu agissait puissamment, et servirent à recommander l'évangile aux payens comme la puissance de Dieu à salut pour tous ceux qui y croyent véritablement. Je citerai l'exemple d'un petit garçon qui mourut triomphant en Jésus son Sauveur. Il était le fils de parents qui avaient embrassé le christianisme et qui résidaient à Nallour. Depuis sa tendre jeunesse il fut envoyé à l'école de Kourouvankotai qu'il fréquentait régulièrement. Il était diligent; mais il apprenait avec difficulté; cependant on put bientôt remarquer que les instructions qu'il recevait étaient bénies et que le St.-Esprit agissait puissamment sur son cœur. Quelquefois lorsqu'il allait à l'école il disait à ses petits compagnons: «Venez près de cet arbre et demandons à Jésus de nous bénir.» Quelquefois aussi il leur parlait de l'amour du Seigneur Jésus et les reprenait de leurs fautes; mais avec tant de tact et de douceur qu'il ne se fâchaient jamais. Il fut attaqué d'une dangereuse maladie, pendant laquelle il fit voir la plus grande résignation et un grand désir de bientôt déloger et d'être avec Christ. Un jour son père, croyant apercevoir en lui un changement dangereux, alla trouver le médecin pour le prier de venir voir son fils; mais celui-ci, ennemi des chrétiens, refusa disant: «Vous avez abandonné la religion de vos pères, maintenant tirez-vous en comme vous pourrez, je ne veux pas venir.» Le père s'en retourna au logis tout triste. Le fils s'en étant aperçu lui en demanda la cause avec instance et l'ayant apprise il dit: «Mon père, pourquoi vous inquiétez-vous de cela? N'avons-nous pas Jésus qui guérira bientôt et mon corps et mon âme?» Sentant son dernier moment approcher, il s'adressa à ceux qui l'entouraient et leur dit: «Je vais joindre le Seigneur. Que je suis heureux! faites ensorte que vous y veniez aussi.» Puis se tournant vers son père, qui ne pouvait retenir ses larmes, il le regarda tendrement et lui dit: «Mon père, que sert-il de pleurer? sondez plutôt votre cœur pour voir si vous n'avez pas encore quelque confiance secrète aux idoles. Croyez en Jésus et nous nous reverrons bientôt.» Peu de tems après, l'âme triomphante de ce cher enfant, portée sur les aîles de l'amour, alla joindre celui duquel il pouvait dire: je l'ai aimé parcequ'il m'a aimé le premier. Sa mort fit une impression profonde sur plusieurs de ceux qui en furent témoins et fit voir à tous la différence qu'il y a entre celui qui craint Dieu et celui qui ne le craint pas.

Des exemples de foi triomphante de toutes les persécutions du monde ne nous manqueraient pas non plus. Dans un village, situé dans le domaine du Sémindar d'Evarasanenden, dix familles avaient embrassé l'évangile et avaient été instruites pendant quelque tems par un catéchiste bien fidèle, dans une petite chapelle qu'il était parvenu à construire. Le Sémindar commença à les persécuter tellement, qu'enfin cédant à la force, ils retournèrent en apparence tous aux superstitions de leurs pères. Le catéchiste en fut profondément affligé; et fermant pour la dernière fois la porte de sa petite chapelle, il versa un torrent de larmes. Alors un individu présent, qui avait souvent entendu la parole de Dieu, mais ne s'était jamais ouvertement déclaré pour elle, lui demanda la cause de sa tristesse. «Ah! répondit le catéchiste, le laboureur ne serait-il pas triste lorsqu'il verrait que le champ dans lequel il a semé de la bonne semence ne produit que des ronces et des épines?» «Ne craignez rien,» dit l'individu mettant sa main sur sa poitrine, «il est tombé dans cette âme un grain de la semence de vie que ni le Sémindar, ni les diables ne pourront jamais arracher.» L'effet a bien justifié la prévision de cet homme; maintenant seul chrétien dans tous le pays, il a glorifié le Seigneur jusqu'ici en souffrant la persécution comme un bon soldat de Jésus-Christ, sans jamais se plaindre, et en faisant luire sa lumière devant les hommes. Il ne sait pas lire, mais il a si bien profité du tems où la lumière luisait dans son endroit et dans la communion des enfans de Dieu qu'il avait de tems en tems occasion de voir qu'il est en état de rendre témoignage de l'espérance qui est en lui, ce qu'il fait aussi dans toutes les occasions avec beaucoup de simplicité et de foi. Il aime surtout à visiter les payens lorsqu'ils sont malades et dans l'adversité. Il leur parle alors de la grâce de Dieu en Jésus, comme de l'unique remède toujours efficace. Ses paroles toujours assaisonnées de sel ont fait une impression bien favorable sur plusieurs. Quelques-uns même sont devenus amis de l'évangile; mais la crainte qu'ils ont du Sémindar les empêche de faire une profession ouverte. Ils aimeraient bien jouir du bonheur intérieur du pauvre persécuté qui leur annonce l'évangile; mais ils n'aimeraient pas porter la croix comme lui.

Le frère Muller fut bientôt en état de me décharger du soin des écoles et je reçus la vocation d'aller résider à Satankoulam avec ma famille dans la maison des missions qui avait été bâtie, afin de prendre soin des troupeaux et des écoles des environs. Satankoulam est une ville à douze lieues au sud-ouest de Palamcottah et qui contient environ cinq mille habitans. Ainsi Satankoulam devint le troisième établissement dans la mission du Tinnévelly. Ici nous avions vingt-deux troupeaux se composant de plus de trois mille âmes, et une quinzaine d'écoles à soigner. Nous avions aussi pris avec nous les filles de notre école que ma femme continua à diriger comme à l'ordinaire. Mais nous ne fûmes pas longtems dans notre nouvelle station avant d'éprouver d'une manière bien alarmante, les effets de l'aversion que tout homme naturel, et à plus forte raison, les payens ont pour l'évangile. Les chefs de Satankoulam avaient vu depuis longtems avec regret et inquiétude le christianisme s'établir dans leur ville et ses environs. Ils étaient opposés à ses progrès et ils avaient fait ce qui était en leur pouvoir pour empêcher la construction de la maison des missions que nous venions habiter. Avant notre arrivée même ils avaient pris des mesures pour rendre notre séjour parmi eux aussi inutile et aussi désagréable que possible. Heureusement que tous les habitans de l'endroit ne partageaient pas leurs sentimens. Il y avait même des personnes influentes qui favorisaient et soutenaient la cause du christianisme (moins, pourtant, par amour pour la vérité que par des motifs de haine contre les individus du parti qui nous était opposé). Nous n'avions pas été quinze jours à Satankoulam que nos adversaires trouvèrent les moyens de nous faire éprouver la haine qu'ils avaient su exciter contre nous. Un matin nous aperçûmes une procession funéraire, accompagnée de ces chefs et précédée de tambours, de trompettes et d'autres instrumens de musique ordinaires dans de semblables occasions, qui s'avançait de notre côté. Arrivée devant notre jardin les individus qui la composaient, sans doute instruits par leurs chefs, et pour nous provoquer à faire quelques démonstrations dont ils pourraient tirer avantage contre nous, firent tout-à-coup retentir les airs de leurs cris et de leurs hurlemens, qui, mêlés au ton de la musique déjà trop bruyante, faisaient un effet effroyable. Un de nos domestiques eut l'imprudence d'aller leur dire de passer un peu plus tranquillement et de faire moins de bruit. Ces simples paroles produisirent un effet épouvantable. Des cris de vengeance s'élevèrent de tous côtés retentissant jusque dans la ville et devinrent le signal d'un assaut général. La procession entière entra dans notre jardin et s'achemina du côté de la maison; de tous côtés on voyait des hommes armés de bâtons qui franchissaient les murs et les haies du jardin et s'avançaient d'un air furieux. Nos chrétiens attirés eux-mêmes par le bruit du tumulte accourent aussi à notre secours et s'unissant à nos domestiques et à quelques journaliers qui travaillaient alors dans notre jardin, ils firent une résistance opiniâtre qui retarda les progrès des assaillans, mais qui augmenta encore mes craintes; car ils étaient en trop petit nombre pour se soutenir longtems contre la multitude qui grossissait continuellement; bientôt le grand et paisible jardin de la mission, fut changé en un champ de bataille. Partout on se saisissait, on se battait et on se renversait. A cette vue ma femme épouvantée se retira et se cacha dans la maison; et quoique je partageasse moi-même ses appréhensions (car je ne savais pas jusqu'à quelle extrémité la rage pourrait porter ces forcenés) je connaissais assez la faiblesse du caractère indou devant les Européens pour être persuadé que rien n'était plus propre pour ramener ces individus à l'ordre que de leur faire voir le calme et la fermeté que malheureusement je ne possédais pas dans ce moment. Cependant rassemblant tout mon courage je pris une chaise et m'assis devant la maison. Ils pénétrèrent bientôt jusqu'assez près de moi, puis ralentirent leurs pas, et enfin sur l'ordre de leurs chefs, ils déposèrent le mort à mes pieds et firent halte. Cela me donna l'espoir que la chose tournerait à mon avantage et ranima mon courage. Alors trois ou quatre des chefs s'approchèrent plus près encore et me dirent d'un ton de voix mal assuré: «Qui vous a donné le droit, Monsieur, de venir interrompre et profaner nos coutumes et nos cérémonies?» — «Il n'est pas question de cela; mais il s'agit maintenant de savoir qui vous a donné le droit de pénétrer dans mon jardin et d'assaillir ma maison, comme une troupe de brigands. C'est là une chose que le gouverneur décidera.» Sur quoi ils dirent d'un ton de voix encore plus mal affermi: «le gouverneur ne vous donnera jamais le droit d'envoyer votre domestique, pour mettre toute notre procession en désordre.» «C'est bien là, leur dis-je, la chose que vous auriez dû examiner avant d'assaillir ma maison. Vous auriez dû saisir mon domestique et apprendre de lui, si c'est moi qui l'ai envoyé ou non; mais enfin, le gouverneur examinera et décidera la chose et cela me suffit.» «Eh bien! Monsieur, dirent-ils, dans ce cas nous sommes fâchés de ce qui est arrivé. Ce sont toujours les domestiques qui gâtent tout; ne donnons aucune suite à cette affaire, l'avenir tout ira bien.» Sur quoi ils donnèrent ordre à cette multitude de gens de se retirer, ce qu'ils firent à l'instant même, emportant le mort avec eux. Puis les chefs se rangèrent plus près de moi encore, évidemment inquiets et désireux de terminer la chose à l'amiable; mais je me retirai dans ma maison et les laissai plantés là. Sur quoi ils se regardèrent l'un l'autre et s'en allèrent. Je réfléchissais au danger auquel nous avions échappé lorsque le catéchiste Daniel vint me dire que les habitans de Satankoulam étaient dans une appréhension mortelle sur les suites que pourrait avoir pour eux l'assaut qu'ils nous avaient livré et il me suggéra l'idée de les y laisser pendant quelque tems et d'en tirer un avantage pour la mission. Nous délibérions ensemble sur cela, lorsque nous vîmes arriver les chefs avec une suite pompeuse et apportant un présent qu'ils déposèrent à mes pieds, avec toutes les marques du plus profond respect et de la plus profonde soumission, me nommant leur cher père, le Gourou, ou le grand-prêtre dont la sagesse brille d'un éclat qui éclipse celui du soleil; ensuite ils se félicitèrent l'un l'autre du bonheur de posséder au milieu d'eux celui dont la présence est la source de toute béatitude, et ils ajoutèrent encore mille autres flatteries, qui dans la bouche des Indous sont vides de sens. Je leur répétai ce que je leur avais déjà dit, puis je me retirai sans recevoir leur présent. Je leur avais mille fois pardonné; mais connaissant le caractère des Indous je me voyais forcé d'en agir de la sorte, pour prévenir le retour de semblables outrages. Ils se retirèrent enfin tout alarmés et selon la coutume des indigènes en de semblables occasions, ils eurent recours à des personnes non compliquées dans l'affaire pour intercéder pour eux, et il fut enfin résolu que j'accepterais leur présent sous la condition que tous ceux qui avaient pris part à l'assaut mettraient la main à l'œuvre et feraient un beau chemin depuis la maison de la mission jusqu'à l'église qui en était à une distance de cinq cent pas au moins. Depuis lors nous n'eûmes plus à essuyer le moindre désagrément de leur part, au contraire ils se sont toujours conduits envers nous avec beaucoup de civilité et de prévenance. Quelque tems après, un accident nous fournit l'occasion de leur prouver que nous étions leurs amis. Un incendie éclata dans la rue des marchands d'huile, et consuma plus de quarante maisons. Le feu fit de si rapides progrès, qu'on ne pût sauver que peu de chose. C'est dans de pareilles occasions surtout que l'on voit jusqu'à quel point l'esprit de caste a étouffé dans l'âme des indigènes le sentiment du bien public. Le Missionnaire Müller se trouvait alors à Satankoulam; mais nous ne pûmes rassembler cinq personnes dans l'objet d'arrêter le feu. Chacun se tenait debout devant sa maison et jetait quelques pots d'eau dessus, lorsqu'elle était en flammes. Le Missionnaire Rhenius ayant alors en sa possession une somme d'argent dont il pouvait disposer en de semblables cas, m'en donna une partie avec lequel je me vis en état d'apporter un secours opportun à plusieurs malheureux, lesquels avaient perdu non seulement leur asile, mais les choses absolument nécessaires à leur existence. On ne doit pas s'attendre à trouver beaucoup de reconnaissance dans le cœur d'un payen;

mais ceci leur fit pourtant sentir que le christianisme inspire l'amour du prochain et le recommanda à leurs yeux. A Celui qui nous donna les moyens de le leur faire voir, soit tout honneur et gloire!

C'est à cette époque que s'opéra la conversion du Gnany d'Outoumalay, à ce que je sais, le seul philosophe de la secte de la Gnanam, qui ait embrassé le christianisme. Cet homme remarquable était doué des qualités et des dispositions du vrai philosophe. Autant que cela peut se dire de la nature déchue il était distingué par sa haute intelligence, était naturellement débonnaire, sincère, persévérant, se vouant à la contemplation. Les richesses et les plaisirs du monde ne semblaient avoir aucun attrait pour lui. Il était ami de la vérité et depuis sa jeunesse il s'était appliqué à l'étude des sciences qu'il croyait propres à la lui faire découvrir. Après avoir parcouru dans ce but une grande partie du vaste champ de la littérature indienne, il se sentit attiré par les belles apparences de la philosophie de la Gnanam et par les béatitudes qu'elle promet. Il s'y voua tout entier; il abandonna les idoles, sa caste, mena une vie retirée et s'occupa à méditer sans cesse sur l'essence abstraite de la divinité, espérant par ces moyens d'être enfin absorbé en elle, comme une goutte d'eau l'est dans l'océan. Pendant quinze ans il fit des efforts soutenus et sincères pour parvenir à ce but; mais tout fut inutile; après ce laps de tems il se trouva plus misérable, plus inquiet et plus éloigné de son Dieu que jamais, et pendant que ses compatriotes lui offraient leurs hommages et admiraient en lui l'image lumineuse de la divinité même, il sentait son âme remplie de ténèbres et sa conscience donner un démenti angoissant à l'opinion avantageuse et aux louanges dont il était l'objet. Le Seigneur dans sa grâce eût pitié de lui: ayant rencontré un chrétien qui lui annonça un Sauveur par lequel seul le pécheur peut se rapprocher de son Dieu, il saisit cette vérité qui lui parut si bien adaptée à son état et, sans craindre les reproches de ses compatriotes, ni la perte des hommages qu'ils offraient sans cesse à sa prétendue sainteté et à sa philosophie, il se fit instruire plus parfaitement dans la religion du Sauveur et fût ensuite reçu par le baptême dans son église, dans laquelle il est maintenant un de ceux qui peuvent témoigner avec assurance que la sagesse de ce monde n'est que folie devant Dieu. Voilà à-peu-près tout le bien qui est résulté de ses pénibles études et de ses profondes méditations. Et depuis sa conversion sa philosophie ne lui a fait aucun bien. C'est elle qui le fait encore dévoier de tems en tems de la simplicité de la foi, dans laquelle git la vérité et le vrai bonheur. Je connais peu la philosophie qui est maintenant à la mode dans notre Europe; mais je suis persuadé par la Parole de Dieu et par les résultats de la philosophie indienne, que j'ai partout rencontrés, que tout système qui se mêle de choses divines et n'est pas fondé sur Jésus, comme sur la principale pierre de l'angle, n'a pas plus de solidité que celui du Gnany d'Outoumalay. Comment en aurait-il davantage? il est basé sur les ténèbres de l'entendement aussi bien que le sien.

A peu près dans ce tems là, Dieu assista et délivra son église d'une manière bien encourageante, en opérant la conversion d'un de ses plus mortels ennemis. Le Nadan, ou le maire de Padoukapator, homme qui possédait beaucoup de pouvoir et de moyens, était appliqué dès longtems à s'opposer à l'œuvre du Seigneur pour la détruire; et comme son influence s'étendait sur tous les environs, il trouvait les moyens de réduire à l'étroit un grand nombre de troupeaux du sud de la province. Il était regardé par tous les chrétiens comme l'un de leurs plus mortels adversaires; mais il s'arrêta tout court dans sa carrière d'iniquités. Je ne me rappelle plus quelles en furent les raisons; mais il nous envoya un messager pour nous dire que non-seulement il désirait faire cesser toute opposition contre l'évangile; mais encore que son désir était de s'unir à nous pour en soutenir et en faire triompher la cause. Cette nouvelle nous étonna et nous aurait donné une joie inexprimable, si nous avions ôsé nous y fier. Bientôt après il nous donna des preuves convaincantes de sa sincérité. Il se joignit aux chrétiens qu'il persécutait, fit servir son influence à les aider et à les protéger, et s'appliqua sérieusement à l'étude de la Parole de Dieu, et de tous côtés les chrétiens venaient nous dire: celui qui nous persécutait est devenu notre ami et notre frère. Cet acte de la puissance et de la bonté de Dieu remplit nos cœurs d'actions de grâces et nous affermit dans la confiance que Dieu saurait dans toutes les circonstances trouver les moyens de secourir et d'édifier son église opprimée.

Troisième Chapitre.

Séparation de la mission. — Quatrième station: Souvisaichapouram. — Conversion remarquable. — Fondation de deux sociétés chrétiennes par des indigènes. — Exemple de la manière de prêcher des indigènes. — Fêtes anniversaires des sociétés des traités et autres. — Mort édifiante d'une fille. — Fête payenne à Tritchendour. — Mort du Missionnaire Rhenius. — Retour des Missionnaires sous la direction de la société des missions. — Résultats heureux de cette réunion. — Fondation de deux nouvelles stations. — Persécution générale. — État de la mission. — Conclusion. —

L'église naissante du Sauveur dans le Tinnévelly était en général dans un état de prospérité croissante, lorsqu'il plut au Seigneur de la visiter par une épreuve qui, si l'œuvre du Seigneur eût dépendu des hommes, l'aurait ruinée complètement. Quelques différens fâcheux s'étaient élevés entre le frère Rhenius et la société épiscopale des missions. Ils s'envenimèrent d'année en année et eurent pour résultat la séparation entière des quatre missionnaires Rhenius, Müller, Lechler et moi de la société; et par là la grande et belle mission du Tinnévelly fut divisée en deux parties, l'une se joignant aux missionnaires que la société avait envoyés pour nous remplacer et l'autre continuant sous nos auspices comme à l'ordinaire; et cette division devint comme on pouvait le prévoir la cause de beaucoup de désagréments, de désordres; et quoique le Seigneur dans sa sagesse et sa bonté infinie aît même fait ressortir un vrai bien de ce mal, en ce qu'il a amené par ce moyen un plus grand nombre d'ouvriers dans sa vigne et fait voir aux chrétiens et aux payens que les missionnaires, quoique divisés pour des cérémonies et des formes extérieures, sont pourtant *un* quand il s'agit des doctrines et de la chose essentielle. Il n'en reste pas moins vrai que tout ce qui s'est passé, pendant ces malheureuses divisions (qui durèrent presque quatre ans), a fait voir et sentir que les chrétiens ne peuvent éviter avec trop de soin tout ce qui peut altérer l'amour fraternel, et occasionner des divisions soit dans l'église, soit dans les missions. Pendant ces quatre ans nous fumes dépendants pour nous-mêmes et notre mission des dons que les chrétiens des Indes, de l'Angleterre, de l'Allemagne et de l'Amérique nous faisaient parvenir de tems en tems, et le Seigneur ne nous laissa jamais manquer du nécessaire. Il est vrai que notre foi était soumise à de fréquentes épreuves. Il y eut des jours où nous ne savions où prendre pour l'avenir; nous apprenions alors à prononcer cette prière courte, mais significative: Donne-nous aujourd'hui notre pain quotidien, que nous ne répétions jamais en vain; car le Seigneur ne tardait pas à venir à notre aide. Comme les établissemens de missions, les églises et les maisons d'école appartenaient à la société que nous avions quitté, il nous fallut en construire de nouvelles. Nous bâtîmes donc une maison de mission à Souvisaichapouram, à treize lieues environ au sud-est de Palamcottah, qui devint le quatrième établissement de la mission du Tinnévelly, et nous bâtîmes aussi des églises, selon le besoin et selon nos moyens.

Jusqu'ici la portion de la mission qui appartient à la société de la propagation des connaissances chrétiennes avait été soignée par le frère Rhenius; mais maintenant cette société envoya les deux Missionnaires *Rosen* et *Irion* pour en prendre soin. Ils y formèrent aussi deux nouveaux établissemens, l'un à Nazareth et l'autre à Moudelour. En voilà maintenant six dans la province. Ces deux Missionnaires eurent beaucoup de succès. Cependant le Seigneur bénissait son œuvre, tant celle qui était entre nos mains que celle qui était entre les mains des Missionnaires de la S. E. D. M. Les troupeaux qui n'étaient pas divisés étaient édifiés, et le nombre des chrétiens augmentait de jour en jour. Le Seigneur vint même bientôt nous réjouir par une conversion mémorable. Moutayen de Pérumkolam, homme savant, d'une caste élevée, d'une famille respectable, doué de talens et de beaucoup de droiture d'âme, avait dans sa jeunesse embrassé le système de Vedanta et s'y était appliqué au point de se soumettre aux austérités de cette philosophie. Il quitta même la maison paternelle, et alla habiter les montagnes, où il mena pendant quelque tems une vie retirée, mais ne trouvant pas là non plus ce bonheur et cette paix de l'âme qu'il cherchait et après lesquels il soupirait, il retourna chez lui, se maria et se voua dès-lors à la vie domestique, soupirant partout toujours après cette habitude et cette lumière que le monde ne peut donner. Celui qui a dit: Venez à moi vous tous qui êtes travaillés et chargés, alla lui-même au-devant de lui. Vers sa quarante-cinquième année, un traité lui tomba dans les mains, il le lut et le relut avec un intérêt croissant. Les vérités simples de l'évangile qu'il contenait répandaient dans son âme une lumière et une félicité dont jusqu'ici il n'avait pas même eu d'idée. Il commença à apercevoir avec étonnement ce que Dieu est, ce que nous sommes par rapport à lui comme créatures déchues et coupables, ainsi que le grand salut qui nous est préparé en Jésus-Christ. Cependant comme ce traité s'appuyait sur de nombreux passages de la Bible qu'il représentait comme une révélation divine, il voulait voir la vérité dans sa source, fit des recherches et s'en procura une qu'il lut et relut et examina avec tant de soin et de bénédiction, qu'il saisit la vérité telle qu'elle est en Jésus-Christ. Il ne resta plus de doute dans son âme que la voie qu'elle enseigne ne soit celle du salut. Craignant avec raison que ses proches ne suscitassent des empêchemens à sa conversion, il n'avait encore révélé qu'à un catéchiste, en qui il avait beaucoup de confiance, ce qui se passait en lui; mais parvenu enfin à une conviction solide, il se présenta au Missionnaire Rhenius, qui visitait alors ces contrées et lui demanda à être reçu dans l'église par le baptême. A cette demande d'un homme qu'il n'avait jamais vu, la surprise du frère Rhenius fut grande; mais elle fut bien plus grande encore, lorsque Moutayen lui fit connaître les voies du Seigneur envers son âme et fit voir dans un long et sévère examen une connaissance approfondie de la grâce de Dieu en Jésus; quoiqu'il ne possédât d'autres instructions que celles qu'il avait prises lui-même dans la Bible. Rhenius, qui ne baptisait jamais aucune personne sans la soumettre à une épreuve de plusieurs mois et le plus souvent de plusieurs années, eut une conviction si forte que la conversion de cet individu était l'œuvre de la grâce, qu'il lui administra le baptême sur le champ. Moutayen a justifié depuis, par la communion qu'il a entretenue avec les membres méprisés de Jésus et par la résignation avec laquelle il a souffert toute sorte d'opprobres pour son nom, que sa foi était en effet fondée sur le roc. Il recevait dans sa maison les chrétiens qui avaient appartenu aux castes les plus viles, les faisait asseoir auprès de lui, leur lisait et leur expliquait la Parole de Dieu. On pouvait le voir tous les jours se promener la Bible sous le bras, accompagné de ces gens détestés du monde, conversant familièrement avec eux sur les grandes vérités du salut, et se rendant jusque dans les villages voisins pour y annoncer cet évangile, qui pour lui était la puissance de Dieu à salut. Toutes ces démonstrations de l'amour chrétien, aux yeux des grands du monde auxquels il avait appartenu, étaient autant d'infamie et d'abominations. Il n'y eut qu'un cri pour exprimer l'horreur qu'elles inspiraient. Ses frères et ses proches, après avoir fait de vains efforts pour le ramener à ce qu'ils appelaient son devoir, le renièrent solennellement. Sa femme, après avoir mille fois maudit le destin qui l'avait unie à un tel énergumène, l'abandonna; ensorte qu'il ne lui resta que sa foi aux promesses de son Dieu. Craignant un jour qu'il ne succombât à tant d'épreuves, je lui conseillai de quitter son endroit et de s'établir ailleurs; mais il me dit, «je n'en ferai rien. Il n'est pas écrit dans la bible fuyez le diable, mais il est dit résistez au diable et il s'enfuira de vous.» Sa femme, après plus d'une année d'absence et je ne sais pour quelle raison, revint à la maison et se présenta devant lui. Moutayen lui demanda ce qu'elle voulait. «J'ai entendu dire, répondit-elle, que vous aviez beaucoup de peine dans votre ménage et je viens pour le soigner.» «Mais femme, lui dit-il, tu savais comment il en serait avant de me quitter et pourtant tu m'as quitté et tu es allée je ne sais où. Dis-moi donc maintenant que penses-tu que tu ais mérité pour une telle conduite, et si j'étais encore payen comment crois-tu que je te traiterais? Parle!» Elle dit enfin, «vous me chasseriez peut-être.» «Tu as parfaitement bien répondu et tu aurais encore pu ajouter: après m'avoir donné la bastonade par dessus le marché. Mais maintenant je suis chrétien et je ne ferai ni l'un ni l'autre. Entre dans la maison et fais ton devoir, comme une femme raisonnable, et tu verras si l'évangile rend les maris plus méchants; mais ne te mets plus dans la tête que je veuille renoncer à ma foi à cause de toi.» Depuis lors il a vécu avec sa femme, qui ne montre pourtant encore aucune disposition à embrasser le christianisme, et a continué jusqu'à ce jour à servir et à glorifier son Seigneur. Lorsqu'il me racontait la réception qu'il avait faite à sa femme il ajoutait: «C'est ainsi qu'il faut faire voir à ces dames orgueilleuses et payennes que le chrétien se dégrade d'avantage en mangeant ce quelles ont apprêté, qu'elles ne se dégradent en vous l'apprêtant. Ce n'est pas nous chrétiens, ce sont elles qui sont les Pariah.»

Deux sociétés chrétiennes furent organisées dans le Tinnévelly environ à cette époque par les chrétiens indigènes. L'une pour le soutien des veuves et des pauvres, et l'autre pour envoyer des évangélistes dans les parties les plus ténébreuses du nord de la province et qui fut nommée la société des pélerins. La dernière doit son origine à un sermon du frère Rhénius, dans lequel il fit voir que c'était le devoir et le privilège de tous chrétiens de glorifier par ses œuvres celui qui nous a tant aimés et qui a tant fait pour nous. L'impression que ce sermon fit fut si profonde qu'au sortir de l'église un grand nombre d'auditeurs se réunirent et se formèrent en société pour le susdit objet. Ils ont pu depuis lors envoyer deux chrétiens indigènes comme messagers de paix qui ont été les instrumens bénis pour apporter la nouvelle du salut à un grand nombre de villes et de villages dans le nord, où elle était ignorée. Ces sociétés chrétiennes, qui se sont formés dans le Tinnévelly parmi les chrétiens indigènes, ont beaucoup contribué à recommander le christianisme aux payens qui ne peuvent s'empêcher d'admirer cet amour fraternel qui réunit un si grand nombre de personnes pour de si bons objets. Il n'y a rien de semblable parmi eux.

Les chrétiens indigènes connaissent parfaitement l'état moral, les dispositions, les coutumes et les préjugés de leurs compatriotes, et ont sous ce rapport un grand avantage sur les missionnaires Européens, pour leur présenter la vérité d'une manière qui les frappe. Dans un de mes voyages, comme je me reposais devant une de nos maisons de prière, je vis l'un des catéchistes qui m'accompagnait engagé dans une dispute très-vive avec un payen qui paraissait bien résolu de défendre sa mauvaise cause, et pensant embrouiller le chrétien par une question difficile il lui dit d'un air triomphant: «Est-ce que nous ne sommes pas doués de raison aussi bien que vous? Etes-vous supérieurs à nous en quoi que ce soit? Qu'est-ce donc qui vous donnerait cette connaissance de la divinité si supérieure à celle que nous possédons?» Alors le chrétien lui dit: «Six hommes nés aveugles voulurent décrire un éléphant. L'un d'eux lui toucha la trompe et dit que l'éléphant ressemblait à un grand câble; l'autre lui toucha le flanc et dit qu'il ressemblait à une paroi; l'autre lui toucha une de ses défenses et dit qu'il ressemblait à un bâton; l'autre lui toucha l'oreille et dit qu'il ressemblait à un éventail; l'autre lui toucha la queue et dit qu'il ressemblait à un balai; l'autre lui toucha la jambe et dit qu'il ressemblait à un pilier. Dites-moi maintenant la raison pour laquelle aucun de ces hommes ne put donner une description juste de cet animal.» «Eh! dit le payen, parce qu'ils étaient nés aveugles.» «Vous avez vous-même répondu à votre question,» dit le chrétien: «tous les hommes sont nés dans l'aveuglement spirituel; mais nous avons prié Dieu qui a ouvert les yeux de notre entendement, voilà pourquoi nous le connaissons; mais Dieu n'a pas ouvert les vôtres, et voilà pourquoi vous ne le connaissez pas. Faites comme nous, priez Dieu et il ouvrira aussi les vôtres; alors vous connaîtrez de lui tout ce qui est nécessaire pour votre éternel *bonheur*.» Un autre chrétien, David d'Andakarai, qui connaissait l'essentiel du christianisme, mais guère de plus, était très zélé à annoncer Christ à ses compatriotes payens et à tout autre qui voulait l'écouter. Il était un jour occupé à cette bonne œuvre, lorsque l'un des secrétaires du Tasildar (un officier civil indou) survint et lui cria, «Babillard, pourquoi crois-tu que la religion que tu professes maintenant est préférable à celle que tu as rejetée?» «Comment sauriez-vous, Monsieur, lui répondit le chrétien, si on vous présentait deux différents mets, lequel est le meilleur?» «En goûtant des deux n'est-ce pas?» «Eh bien, c'est bien de cette manière que je sais, moi, que la religion chrétienne est meilleure que la payenne. J'ai goûté des deux mets. J'ai été idolâtre; mais j'étais misérable: mon âme et mon corps allaient à leur ruine: je n'avais aucune paix intérieure· J'ai embrassé la religion chrétienne et je me trouve heureux. Goûtez des deux mets, Monsieur, alors vous serez vous-même en état de juger lequel est le meilleur.»

Pour cimenter de plus en plus l'amour fraternel entre les chrétiens des différens troupeaux, pour ranimer et diriger leur zèle dans la pratique des bonnes œuvres, enfin pour avancer les intérêts du règne du Sauveur, déjà vers l'année 1827 les frères Rhénius et Schmidt avaient institué une fête anniversaire de la société des traités pour la célébration de laquelle tous les catéchistes, les maîtres d'écoles, les anciens d'église, et d'autres chrétiens se rendirent chaque année à Palamcottah. Pendant cette fête, qui fut fixée le deux Janvier, on lisait le rapport de la société; plusieurs discours très pathétiques, prononcés par les catéchistes ou même par les anciens d'église, tendaient à faire connaître les besoins spirituels des différents districts de la province et à produire de la sympathie. Cela fait on rendait des actions de grâces au Sauveur, on implorait l'assistance de son esprit et on offrait les dons, qui avec la bénédiction divine devaient servir à l'avancement de sa cause; le tout finissait par une conférence dans laquelle, après les délibérations nécessaires, on prenait les mesures qu'on croyait les plus propres pour atteindre le noble but de la société. Ces fêtes anniversaires devinrent plus importantes d'année en année. A la société des traités furent ajoutées successivement, comme nous l'avons déjà fait voir, la société philantropique, la société pour le soutien des veuves et des orphelins, et enfin la société des pélerins; ensorte qu'à l'époque où nous en sommes trois jours entiers étaient consacrés à célébrer les anniversaires de toutes ces sociétés. Le nombre des chrétiens venant des différents troupeaux pour y assister était si grand que la vaste église de Palamcottah ne pouvait les contenir tous. C'était des jours de réjouissance, mais de réjouissance au Seigneur, pendant lesquels on racontait les hauts faits qu'il avait opérés dans son église et parmi les payens. Alors des simples chrétiens indigènes, mais rendus savants dans les voies du Seigneur, nous édifiaient souvent par des discours, où se trouvaient des traces d'éloquence vraiment sublime. L'un d'eux faisant allusion aux épreuves que les chrétiens avaient à souffrir disait: «Il est vrai que pendant l'année passée notre église naissante a eu à passer par bien des épreuves: quelques-unes de nos églises ont été brulées, plusieurs d'entre nous ont été maltraités et chassés; mais ne craignons pas ceux qui ne peuvent tuer que le corps. Et d'ailleurs que sont les afflictions pour le *vrai* chrétien? elles sont comme les vagues irrités de la mer qui s'avancent avec bruit et un aspect effrayant contre celui qui les contemple du rivage, mais ne font que le saluer, puis reculent en arrière et se perdent dans l'océan agité.»

La mort édifiante de la jeune Sandaï, qui arriva dans ce tems, mérite bien d'être rapportée. Elle avait été élevée par sa grand-mère qui était une catholique-romaine très bigote. A l'âge de neuf ans elle fut placée dans notre école de filles par quelques-uns de ses proches, qui avaient eux-même embrassé le protestantisme et qui désiraient la soustraire aux erreurs de Rome. Elle était d'un caractère aimable et ses manières étaient engageantes; mais aussi longtems qu'elle resta dans son impénitence elle conserva la malheureuse disposition que ses compatriotes ont à la superstition, à la dissimulation et au mensonge. Il plût au Seigneur de bénir les instructions de sa Parole et de toucher son cœur. Elle se sentit pécheresse, eut recours au Seigneur, obtint grâce et miséricorde, et le changement qui se fit en elle se manifesta au dehors par des œuvres vraiment chrétiennes. Elle était devenue si attentive à sa conduite que les plus légères fautes qu'elle remarquait en elle la navraient de douleur et qu'elle évitait toute apparence de mal. La Parole de Dieu était plus douce à son âme que le miel; c'est de quoi on ne pouvait douter en voyant avec quelle ardeur elle recherchait les occasions de l'entendre, et nous ne nous rappelons pas d'avoir remarqué dans sa conduite depuis sa conversion une seule action qu'on puisse taxer de péché, et pourtant elle était habituellement avec nous. Après avoir passé environ cinq ans dans notre école, elle fut gravement atteinte d'une maladie de langueur. Pensant qu'un séjour dans son endroit natal lui ferait du bien nous la fîmes reconduire chez sa grand-mère; mais bientôt elle retourna à notre école encore toute souffrante, disant qu'elle se trouvait beaucoup mieux là où elle pouvait servir le Seigneur en toute liberté. Les quinze jours qu'elle passa alors au milieu de nous firent une impression bien salutaire sur les filles de l'école avec lesquelles elle était plus particulièrement liée. Elle avait maigrie et avait déchue; mais sa physionomie exprimait la paix de Dieu qui surpasse tout entendement. Son regard avait quelque chose de céleste, et on aurait dit qu'elle vivait déjà là où était son trésor. Il était évident que sa dernière heure approchait. Ses proches ayant été instruits de son état la ramenèrent dans son village, où elle consacra les momens, où sa grande faiblesse lui permettait encore l'usage de la voix, à faire connaître aux autres le bonheur dont elle jouissait en son Sauveur, et à exhorter ceux d'entre ses proches, qui étaient encore attachés aux erreurs de l'église de Rome, à chercher en Jésus leur seul médiateur et leur Sauveur. Ainsi disposée et préparée, son âme rachetée s'envola là où était son trésor. Voilà une mort chrétienne. Le payen meurt toujours ou dans l'endurcissement ou dans le désespoir. Jeunes filles qui vous livrez aux plaisirs du monde, sans vous soucier de ce que deviendront vos âmes immortelles, que pensez-vous de la vie et de la mort de la jeune Sandaï des côtes de Coromandel? Avez-vous choisi la bonne part qui ne vous sera point ôtée? Où l'avait-elle choisie?

Dans le courant de l'année 1837 je me rendis à Tritchendour, pour prendre part en missionnaire chrétien à la fête qui s'y célébrait.

Tritchendour est une assez grande ville située au bord de la mer et célèbre surtout par sa superbe pagode dédiée au Dieu Soupramanien, le fils de Chiven, comme aussi par la fête annuelle qui s'y célèbre en l'honneur de ce Dieu, où se rendent chaque fois plus de cent mille adorateurs des différentes contrées des Indes. Jamais auparavant et jamais après je n'ai vu le paganisme sous une forme aussi formidable. Des cérémonies brillantes, des figures bizarres et affreuses, des obscénités révoltantes, des processions pompeuses accompagnées de musiques bruyantes et de danses aussi légères que le vent, des austérités faites pour révolter tout sentiment humain: telles furent les scènes qui au milieu d'une foule innombrable d'adorateurs se présentaient partout à mes yeux et remplissaient mon âme d'un sentiment extrêmement accablant. C'est certainement ici que la puissance des ténèbres produit au grand jour ses mystères d'iniquité. Avant même d'entrer dans la ville je fus frappé par la vue d'un grand nombre de personnes qui s'avançaient du côté de la pagode et qui chemin faisant accomplissaient la cérémonie qui se nomme Angrapratischtanam. Ces individus se prosternaient à terre le nez dans la poussière et les deux mains étendues en avant, marquaient une ligne au dessus de la tête, puis se relevant s'avançaient jusqu'à la ligne, se prosternaient de nouveau, tiraient une nouvelle ligne et poursuivaient ainsi leur course lente et pénible jusqu'à ce qu'arrivés à la pagode ils en faisaient une dixaine de fois le tour de la manière indiquée. Il y en a qui s'obligent par ce moyen à faire des pélerinages de quelques centaines de lieues. Cette cérémonie se fait pour engager le Dieu à accorder quelque faveur particulière, ou pour le remercier de celle qu'on croit avoir reçue de lui. Mais ce fut surtout près de la pagode que je vis le paganisme et ses actes révoltants dans leur plénitude. La place qui entoure ce vaste édifice offrait partout des scènes bien propres à faire frémir la nature humaine. Ici était un Sagnassy étendu tout nud sur un tas d'épines; là un autre enterré vif n'annonçait sa présence que par l'une de ses mains qui sortait de terre et qu'il remuait de tems en tems; un troisième renchérissait encore sur le précédent en ce qu'il était enterré jusqu'à la ceinture, la tête en bas, les jambes et le reste du corps tout-à-fait nuds étaient élevés en haut et présantait au spectateur l'idée d'une fourche de charrue. Comment pouvaient-ils respirer dans cet état, c'est ce que je ne puis comprendre. Un autre encore dansait comme un forcené, portant sur sa tête un vase rempli de charbons ardents. La décence m'oblige à tirer le rideau sur les obscénités qui se voyaient plus près encore de la pagode. Pendant ces fêtes et en présence de l'idole l'Indou ne connait plus les règles que sa caste lui impose en d'autres occasions, et il se livre sans se faire le moindre scrupule aux dérèglemens de son cœur corrompu, à quoi aussi la Chastre l'autorise par des passages tels que celui-ci: «En présence du Dieu point de caste et point de sexe;» car Chady (caste) dans les langues Indiennes, signifie sexe, aussi bien que caste. Partout on ne voit que confusion, que désordre et que débordement. Rien ne fait mieux voir les ténèbres et les aberrations de l'entendement humain que l'opinion des nations privé de la révélation divine sur la condescendence de leur dieux à autoriser et favoriser le péché. Parmis les nombreuses scènes qui se succèdent les unes aux autres pendant ces fêtes les processions sont peut-être les plus imposantes. Le dieu de la grandeur d'un homme, d'une figure grotesque, mais richement vêtu, est assis sur un trône superbe, qui repose sur un palanquin élevé non moins brillant, porté par dix hommes. Les Brahmins, qui sont tout à la fois les prêtres et les arbitres du dieu, forment sa garde d'honneur, qui est précédée par les musiciens. En tête de la procession s'avancent à pas lents les éléphants de la padode, couverts de draps rouges et splendidement ornés. Une foule innombrable de gens suivaient l'idole.

J'avais pris mon logement bien près de la ville, dans une maison appartenante à un Anglais qui me l'avait cédée pour l'occasion. Là je passai quelques jours à distribuer des traités, à m'entretenir et à raisonner sur des sujets religieux avec ceux qui venaient me voir, et de cette manière j'étais occupé sans relâche jusque bien avant dans la nuit. J'annonçai aussi deux fois dans les rues de Tritchendour, assis sur mon cheval, celui qui est venu dans le monde pour être la lumière des nations. Jamais Ministre de l'Evangile n'eut un auditoire plus nombreux: je ne pouvais en voir la fin. Par ces différentes voies plusieurs milliers de payens entendirent la nouvelle du salut.

Nous arrivons maintenant à un évènement qui plongea dans le deuil la Mission entière et eut des suites bien importantes. Dans le courant du mois de juin 1838 le cher frère Rhénius décéda à Palamcottah, après avoir travaillé pendant dix-huit ans à l'œuvre du Seigneur dans le Tinnévelly, laissant une femme, dix enfans, trois frères missionnaires, et des milliers de chrétiens indigènes pour pleurer sa perte. Il mourut des suites d'une maladie qui ne dura qu'un mois, l'affaiblit beaucoup et se termina par un coup d'apopléxie. Le jour avant sa mort il demanda encore qu'on fit la prière accoutumée du soir, et sur l'observation qu'il était trop faible, il dit, lisez-moi au moins le Psaume 23; et après qu'on en eut fait la lecture il dit, nous ne voulons pas nous séparer sans louer le Seigneur par un cantique, et il commença lui-même à chanter un verset d'un cantique anglais, qui commence par ces mots: Bénissons le Seigneur de qui provient toute bénédiction; puis le lendemain, pendant un accès de délire qui dura environ une heure et qui précéda immédiatement sa mort, on comprit par des paroles entrecoupées que des combats pour la Mission et le sentiment de la paix de Dieu se succédaient rapidement dans son âme. — Les paroles que je pus distinguer et que je me rappelle sont celles-ci: à sa femme qui pleurait: «Patience, patience!» puis: «quoi, brûler nos chapelles! Mon cher Seigneur!» — Il décéda sans de forts combats. A la nouvelle de sa mort, qui se répandit rapidement dans toute la province, on vit arriver de tous côtés des catéchistes, des maîtres d'écoles, d'autres chrétiens indigènes, et même des payens isolés et par troupes, poussant des cris et des sanglots bien peu propres à nous consoler. Que leur dire? comment les consoler? — Son enterrement eut lieu le soulendemain de sa mort. Tous les officiers civils et militaires de la station, les Missionnaires de la province, un nombre presqu'innombrable de chrétiens indigènes et plusieurs payens y assistèrent. Maintenant ce cher frère repose de ses travaux et ses œuvres le suivent. Je ne m'étendrai pas longuement sur le caractère et la vie de ce serviteur de Dieu. Les fruits font l'éloge de ses travaux et ses travaux font l'éloge de son caractère. Il naquit dans le royaume de Prusse vers l'année 1801. Ayant étudié la théologie il se joignit à la société épiscopale des Missions et continua quelque tems ses études en Angleterre auprès de l'excellent et savant commentateur Scott. Il fut envoyé de là dans les Indes orientales et il arriva à Madras vers l'année 1815. Il est le premier des Missionnaires de la susdite société qui ait abordé ce pays. Il passa les quatre premières années de sa vie de Missionnaire à Madras et à Tranquebar, où il s'appliqua avec beaucoup de succès à l'étude des langues Tellingou et Tamil, et il fonda aussi dans cette première ville la Mission que notre société y retient encore. De là il se rendit à Palamcottah avec le frère Schmid et commença là avec lui en 1820 cette Mission du Tinnévelly, de l'histoire de laquelle j'essaie ici de donner quelques lambeaux. Il était d'une taille un peu audessus de la moyenne, sa physionomie était agréable et annonçait une candeur et une débonnaireté qui attirait et prévenait en sa faveur. Son activité, son ardeur, sa persévérance et sa fermeté, soutenues par une gaieté de caractère toujours égale, lui faisaient surmonter sans peine des difficultés auxquelles bien des autres auraient succombé. Jamais je ne l'ai vu abattu, ni douter un moment du succès de sa cause. Son zèle pour la gloire de Dieu était ardent; heureux si ce zèle eut toujours été dirigé par la prudence; mail il était tel qu'il ne se mettait pas en peine des conséquences de ses démarches, ce qui a été pour lui la cause de bien des désagrémens et de combats pénibles que peut-être il aurait pu éviter. La Parole de Dieu était en toutes choses la règle de sa foi et de sa conduite. Il en faisait une étude continuelle et il avait toujours avec lui un livre de passages choisis, qu'il ouvrait de tems en tems pour, comme il le disait, reprendre un peu de forces. Quant à ces doctrines sur lesquelles tes vrais chrétiens ont toujours différé et différeront toujours, il saisissait ce qu'elles ont d'édifiant sans les approfondir, ni fixer leurs limites. Il en était autrement pour ce qui regarde le gouvernement et la discipline de l'Eglise. Il avait une grande aversion pour toute ténacité exclusive à des formes et des cérémonies qu'il ne croyait pas établies par la

Parole de Dieu, et son infléxibilité sur ces points a souvent soumis à de pénibles épreuves la charité vraiment chrétienne dont il était animé envers tous les vrais membres de l'église du Sauveur. Il manifestait toujours beaucoup d'affection et d'estime envers ses frères missionnaires, et eux en retour ne pouvaient refuser la déférence due à son expérience et à ses éminentes qualités. Quant aux chrétiens indigènes il les portait pour ainsi dire sur son cœur. Il était infatiguable dans les soins qu'il donnait à leur avancement spirituel. Il les instruisait, les exhortait, les reprenait, les encourageait toujours avec bonté et douceur, sans jamais se rebuter par les faiblesses, les dispositions perverses, les habitudes dégradantes, et les autres défauts souvent bien graves qu'il remarquait en eux; il ne les perdait pas de vue et jamais il ne désespérait d'eux. Sa confiance en Dieu soit pour le spirituel, soit pour le temporel, était vraiment inébranlable. Quant à sa nombreuse famille, à laquelle il n'avait rien à laisser que le modèle de sa foi et de ses vertus, il disait souvent: Dieu n'a pas besoin de moi pour les soutenir et les élever, il sait lui-même qu'il ne m'a pas donné les biens de ce monde; ce serait donc l'outrager que de douter de sa providence et de sa bonté. Il a traduit en langue Tamil le Nouveau Testament, qui a été imprimé par la société biblique. Il a aussi écrit et publié plusieurs grands ouvrages dans cette langue; tels qu'une géographie et une grammaire pour l'usage du séminaire, une dogmatique, la vie de Jésus, un livre de cantiques, les évidences du christianisme, une introduction à chaque livre de la Bible, pour l'usage des catéchistes et des troupeaux; enfin un grand nombre de petits livres et de traités, principalement destinés à distribuer parmi les payens. Il a écrit la plus grande partie de ses ouvrages pendant la nuit; car pendant le jour il avait d'autres occupations. Il travaillait avec une facilité surprenante. Lorsqu'on considère le caractère du missionnaire Rhénius, ses talents, sa piété, son dévouement, ses succès et le tems qu'il a travaillé dans la vigne du Seigneur, on ne peut se refuser à reconnaître en lui un éminent serviteur de Dieu et l'un des instrumens les plus distingués qui aient été employés à la conversion des payens. Aussi Dieu prit il soin des siens d'une manière remarquable après qu'il l'eut retiré de ce monde, et par là il honora la confiance que son serviteur avait toujours placée en lui. D'abord après sa mort le comité de la Société Episcopale des Missions, sans égard à la séparation qui avait eu lieu, et n'écoutant que la voix de la charité chrétienne, accorda une pension à sa femme, et ses autres amis chrétiens fournirent les moyens nécessaires à l'éducation de ses enfans, dont six étaient encore en bas âge.

La mort de Rhénius laissa ses colaborateurs dans des circonstances bien difficiles. Le frère Lechler avait été obligé de nous quitter pour cause de maladie, ensorte que le poid de cette grande mission, déjà trop grand pour nos forces réunies, reposait entièrement sur le frère Muller et sur moi; la division qui s'était faite continuait à être la source de bien des désordres et de bien des désagrémens; et plusieurs amis, qui jusqu'ici avaient soutenu la cause, semblaient disposés à l'abandonner et nous conseillaient de nous joindre à une société. Ces circonstances et beaucoup d'autres nous firent craindre que nous ne pourrions pas longtems maintenir la mission sur le pied où elle était et nous engagèrent à considérer sérieusement quelles mesures nous aurions à prendre pour la placer sur une base plus solide. Après quelques mois d'hésitation et de pénible réflexion nous entrâmes en correspondance avec le comité de Madras, et le résultat fut que premièrement moi et ma mission, et quelques tems après Muller et la sienne, nous replaçâmes sous la direction de la Société épiscopale. Par ce rapprochement notre mission obtint les secours qui lui manquaient; les divisions cessèrent. Nous aussi avons vécu depuislors dans les relations les plus amicales avec les missionnaires de notre société dans le Tinnévelly. Le nombre des chrétiens s'est aussi beaucoup accru, et la mission à tous égards a prospéré ensorte que nous avons lieu de croire que le Seigneur approuve la réunion qui s'est opérée. Pendant le tems que dura la séparation quatre mille âmes au moins se joignirent à l'église, et depuis l'œuvre s'est étendue et fortifiée de plus en plus. Le nord de la province, qui jusque vers l'année 1830 avait été un champ à peu près stérile, avait alors apporté de beaux tributs à l'Evangile dans un bien court espace de tems. Dans le sud-est les succès furent encore plus frappants. Là, dans le district du missionnaire Thomas, dans moins d'une année environ trois mille âmes se joignirent à l'église. Près de mille catholiques romains aussi renoncèrent aux erreurs de cette église, reçurent l'Evangile dans sa simplicité et se joignirent à nous. Le nombre des catholiques romains dans les Indes se monte au moins à deux cent mille, vingt-six mille desquels se trouvent dans le Tinnévelly; mais ce n'est pas leur faire tort que de dire qu'ils ne sont guère meilleurs que les payens; ils n'ont guère plus de connaissance de l'Evangile et sont presqu'aussi superstitieux et démoralisés qu'eux. Pourtant leurs missionnaires ont su bien inspirer l'esprit d'intolérance et de persécution qui distingue cette fraternité. Les succès dont nous venons de parler engagèrent notre société à former deux nouveaux établissemens de mission; l'un à Maignanapouram pour le sud-est, et l'autre à Nallour pour le nord. Voilà huit établissemens de missions dans le Tinnévelly. Dans le sud et l'est la bonne cause allait son train ordinaire.

Cependant il s'élevait un nuage du sein duquel un orage éclata soudain, et qui menaça d'une ruine totale la mission entière. Jusqu'ici les progrès de l'Evangile n'avaient produit que des oppositions et des persécutions partielles. Un grand nombre des ennemis, ne pouvant se figurer qu'une religion qui est si opposée aux inclinations et aux coutumes des Indous obtiendraient une importance marquée, affectaient de la traiter avec mépris et laissaient à celui qui avait à s'en plaindre le soin de la repousser de son village et de son domaine; mais lorsqu'ils virent que ses progrès devenaient toujours plus rapides, tellement que plusieurs temples des idoles avaient été transformés en temples du Dieu vivant; qu'il n'y avait plus que peu de villages dans le sud où l'Evangile ne compta quelques partisans; que même un grand nombre de personnes de talents et d'influence l'avaient ou embrassée, ou lui montraient un respect bien prononcé; que même quelques philosophes s'étaient hautement déclarée pour lui: alors ils se réveillèrent, de leur lethargie et dans une assemblée tenue à Tritchendour, le chef-lieu de l'idolâtrie dans la province, ils délibérèrent long-temps et s'accordèrent enfin à combiner leurs forces pour s'opposer à l'Evangile et pour l'extirper de la province, s'il était possible. Il fallait en effet un motif bien puissant pour porter ainsi des Brahmines même à s'unir avec des Marravers et des Chanars. Ils appelaient la société qu'ils organisèrent la société des cendres (Viboudisangum) et ils s'engagèrent à obliger les chrétiens dans toute l'étendue de la province à couvrir leur front des cendres sacrées: ces cendres étant selon la Chastre la marque distinctive des adorateurs des faux dieux et que par conséquent les chrétiens doivent abhorer et rejeter. Ils prirent dans ce criminel dessein les mesures les plus hardies; comptant sur les égards de la politique anglaise et sachant bien que le Gallion qui alors régissait la province ne se mettrait pas en peine de ces choses. Alors commença une nouvelle persécution qui dura plus d'une année et qui soumit à de rudes épreuves la patience et la foi des chrétiens. Les payens s'attroupaient par centaines, maltraitaient les chrétiens, entraient dans leurs églises lorsqu'ils étaient assemblés pour le service divin, les forçaient à prendre la fuite, outrageaient, frappaient, saccageaient, brûlaient et surtout frottaient la cendre sacrée sur le front de ceux qui tombaient entre leurs mains. Il fut un temps où les chrétiens n'osaient plus se rendre aux foires et ne pouvaient plus ni vendre ni acheter. Ils craignaient même de sortir de leurs maisons pour vaquer à leurs occupations ordinaires. Surtout près de Nazareth on les poursuivait comme des bêtes féroces. On les accusait faussement devant les autorités subalternes, qui sont toujours payennes, et ceux-ci ne les relâchaient qu'après leur avoir fait payer de fortes amendes. Il y avait peu d'encouragement d'en appeler de là aux magistrats anglais, tellement liés par les traités de la compagnie à reconnaître et à soutenir la religion payenne, comme religion nationale; et ils sont si mal entourés, que les chrétiens ne peuvent jamais paraître devant eux que dans la position désavantageuse de dissidents, et que la vérité ne parvient presque jamais jusqu'à eux sans être altérée. Un fait dont j'ai été témoin oculaire fera voir jusqu'à quel point les ennemis portaient leur audace et combien peu le gouvernement les protégeait. Je me rendis à Kallattikanarou pour visiter la congrégation de l'endroit, que je trouvai dans la plus grande confusion. Je fut bientôt informé que quelques jours auparavant, pendant que les hommes du village étaient à leur travail, quatre pions (gendarmes indigènes) et quelques marravers (gardes champêtres) y étaient entrés, y avaient commis toute sorte de désordres, avaient enlevé dix-huit femmes et les avaient amenées à Kaitar, où elles étaient retenues captives dans la pagode. Quelques-unes de ces femmes avaient été séparées violemment de leurs enfans qu'elles allaitaient et avaient ainsi été forcées de les abandonner dans la plus grande misère. Je ne pouvais croire à une barbarie semblable; et pour m'assurer du fait je me rendis le jour suivant à Kaitar, où mes yeux me forcèrent à croire ce dont pour respect pour l'humanité je voulais encore douter. A mon arrivée près de la pagode, le pion qui la gardait, évidemment troublé, l'ouvrit et en laissa sortir les femmes à demi mortes de frayeur. Je tâchai de les rassurer et leur conseillai de hâter leur retour à la maison. Puis m'adressant au pion, je lui dis: «Qui t'a donné l'autorité, vaurien, d'ainsi renfermer ces femmes? Est-ce ainsi que tu uses du petit pouvoir qui t'est confié?» Il répondit d'un ton malassuré: «On ne leur a pas fait du mal. Le régiment de Palamcottah allant à Madras doit passer dans quelques jours et les hommes doivent se rendre ici avec leurs bœufs pour mener les bagages; mais comme ils n'aiment pas obéir aux ordres, nous avons été obligés de mettre leurs femmes ici pour une assurance qu'ils n'y manqueront pas;» sur cela il s'en alla disant aux femmes qu'elles pouvaient s'en retourner chez elles. Ces pions avaient sans doute reçu des récompenses des ennemis des chrétiens pour en agir ainsi. Je conseillai aux chrétiens d'aller porter leurs plaintes au Collecteur (Gouverneur), ce qu'ils tâchèrent de faire. Ils se présentèrent en effet pendant près d'un mois à la porte de son bureau pour présenter leur pétition; mais les affidés de nos adversaires, qui entouraient le Collecteur, surent leur opposer tant d'obstacles qu'ils ne purent jamais pénétrer jusqu'à lui et qu'ils furent obligés de retourner chez eux, sans même avoir eu la faible consolation d'avoir été entendus; et comme ce Collecteur avait défendu aux Missionnaires de lui écrire en faveur des chrétiens, je ne pus rien faire pour eux.

Cette persécution se termina enfin par un évènement qui dévoila aux autorités l'acharnement des payens et leur fit sentir la nécessité d'intervenir avec plus d'énergie. Un Idayen (berger) se pendit au toit de sa maison, ensuite de quelques désagréments qui lui étaient survenus relativement à sa caste. Les adversaires voulant tirer parti de cette catastrophe contre les chrétiens, le pendirent devant une de leurs chapelles, qui était tout près de là, se procurèrent de faux témoins, et ayant de plus fait tout ce qui pouvait assurer le succès de leur entreprise criminelle, ils accusèrent devant le juge quelques-uns de nos chrétiens, et entr'autres un de nos plus estimables catéchistes, d'être les auteurs du crime. Le juge examina l'affaire avec beaucoup de soin, et trouva que les chrétiens étaient parfaitement innocens de ce dont on les accusait, et que le tout n'était qu'une vile conspiration contre leur vie. Il punit aussi ces faux accusateurs exemplairement; quatre d'entr'eux furent condamnés à une déportation de six ans, et les autres aux travaux forcés pour un temps plus ou moins long. Cet acte de justice dérangea tout à fait le plan de la société des cendres: elle se divisa, s'affaiblit et finit par expirer; mais non sans avoir obtenu quelques succès. Elle avait réussi à tourmenter des milliers de chrétiens pendant une année entière et à forcer environ deux mille encore mal affermis à renoncer momentanément au christianisme; mais pendant toute la persécution ce fut un grand encouragement pour nous de voir que parmi les baptisés, dont le nombre était à-peu-près de quinze-mille, il n'y en eut pas dix qui furent ébranlés et aucun ne succomba sans se relever. Tous les autres confessèrent hautement et en tous tems cette religion dans laquelle ils avaient fait vœu de vivre et de mourir. Heureux si cette profession ouverte eut toujours été accompagnée de cette patience et de cette modération qui la rendent si recommandable à ceux qui sont de dehors; mais cela manquait souvent. Plusieurs chrétiens se laissaient entrainer par les injustices qu'on leur faisait souffrir jusqu'à rendre outrage pour outrage. Dans quelques districts ils se rassemblèrent par centaines dans l'objet de repousser la force par la force; mais nos exhortations suffirent ordinairement pour les faire rentrer dans leur devoir et les retenir dans une attitude plus chrétienne. Un grand nombre d'entr'eux combattèrent aussi avec des armes vraiment dignes de l'Évangile à la gloire de leur Seigneur. Entre plusieurs exemples en voici quelques-uns. Dans la Zémindarie d'Elayerumpanai vivaient deux familles chrétiennes qui nous avaient toujours édifiés par leur attachement sincère à l'Évangile. Le Zémindar, duquel ils dépendaient, voulant les forcer d'abandonner le christianisme les priva tout-à-coup de tous les moyens de subsistance, ensorte qu'ils furent réduits avec leurs familles à la plus grande misère. Dans cette extrémité ces malheureux dirent au catéchiste: «Que nous faut-il faire? Il y a trois chemins devant nous pour sortir de cette épreuve: ou il nous faut mourir de faim, ou renoncer au christianisme, ou porter nos plaintes contre le Zémindar. Notre profession de chrétien nous prescrit de les éviter tous les trois. Le Sauveur nous montre un autre chemin: il nous dit das l'Evangile, si on vous persécute dans un endroit, fuyez dans un autre; nous voulons suivre cette direction.» Ainsi ils quittèrent leur endroit natal, et comme nos villages chrétiens ne leur offraient pas les moyens d'exercer leurs métiers, ils se dirigèrent du côté de nord-ouest, sans savoir où ils se fixeraient, et nous les perdimes entièrement de vue. Environ cinq mois après ils nous firent savoir qu'ils s'étaient établis à Kattour, village sur les frontières de la province de Dindigal, que Dieu les avait bénis dans leur exil et leur avait fourni abondamment les moyens d'exister, et qu'il avait amené par leurs soins trois familles à sa connaissance. Cette nouvelle nous réjouit beaucoup. J'ai visité depuis la petite congrégation de Kattour qui me donna beaucoup de satisfaction.

L'action de la veuve de Vadiyour mérite aussi d'être connue. Lorsque nous étions à bâtir une petite chapelle dans cet endroit, le Zémindar envoya ses émissaires qui insultèrent les chrétiens et firent cesser l'ouvrage, sur quoi les chrétiens se rassemblèrent pour délibérer sur les mesures à prendre; mais ils ne pouvaient s'accorder. Les uns conseillaient qu'on eut recours à la justice, et les autres qu'on se rassambla en masse et qu'on finit la chapelle au dépit du Zémindar. Alors une veuve, qui avait bien saisi l'esprit de l'Évangile, intervint dans ce conseil et dit: «Pourquoi quereller avec le Zémindar? il est beaucoup plus puissant que nous; mais le Seigneur est plus puissant que lui. Le Seigneur veut que nous ayons une chapelle; mais le Zémindar nous défend de la bâtir. Eh bien, pour satisfaire à tout, je donnerai ma maison qui est grande pour le service du Seigneur, et moi j'irai demeurer avec ma sœur. Le Seigneur amènera des temps plus favorables pour bâtir notre chapelle.» Tous furent frappés de cette sagesse et de cette générosité chrétienne. On accepta l'offre et sa maison devint pendant plus de six mois le Bethel de Vadiyour.

Les chrétiens de la Zémindarie d'Outoumalai, où la persécution fut rude, donnèrent aussi des preuves bien satisfaisantes de leur attachement à l'Évangile et qu'en général un bon esprit les animait. Un jour environ soixante hommes armés, envoyés par le Zémindar, entrèrent dans la chapelle où les chrétiens assemblés célébraient le service divin. Ils les battirent, les dispersèrent et maltraitèrent surtout ceux qui tombèrent entre leurs mains. Un vieillard fut laissé pour mort sur la place et ne se rétablira jamais des coups qu'il reçut alors; mais les chrétiens de cette contrée, qui sont pourtant plus nombreux, n'eurent jamais recours à aucune mesure blâmable pour se garantir des attaques de leurs ennemis, ou pour les repousser, et toutes les persécutions qu'ils ont eu à souffrir n'ont fait que resserrer les nœuds qui les unissaient déjà. Aucun d'eux n'abandonna l'Évangile. La persécution, dont j'ai fait ici mention, eut lieu dans le courant des années 1840 et 1841.

Lorsque je quittai les Indes en 1842 la paix était rétablie et la mission allait son train ordinaire. La société épiscopale des missions et la société pour propager les connaissances chrétiennes comptaient ensemble dans le Tinnévelly:

Missionnaires	11
Etablissements de missions	10
Congrég. dont chacune est dirigée par un catéchiste	300
Chrétiens, plus de	32000
desquels	
Baptisés	14000
Candidats pour le baptême	18000
Ecoles, environ	120
Ecoliers, plus de	5000

Je suis fâché que je ne puisse pas donner plus exactement le nombre des chrétiens, des écoles etc. n'ayant pas maintenant les rapports des deux sociétés qui me seraient nécessaires pour cela; mais les nombres ci-dessus ne sont pas exagérés.

Le récit abrégé, bien faible, mais vrai de l'état du paganisme dans les Indes orientales et des progrès de la mission dans le Tinnévelly, qui suivant l'avis de quelques amis chrétiens je mets ici sous les yeux de mes compatriotes, sert à prouver, ce me semble, deux points importants: le premier, que ceux qui sont privés d'une révélation divine sont bien à plaindre; et le second, que le Seigneur a béni les efforts que ses enfants ont faits de nos jours pour les en tirer. Je ne doute pas qu'il ne serve aussi à encourager les amis des missions évangéliques à prendre une part toujours plus active à cette sainte œuvre. J'ai même quelque espoir que ceux qui sont jusqu'ici restés spectateurs oisifs de cette œuvre excellente ne liront pas ce récit sans intérêt, et sans que cette question se présente à leur esprit: Est-il de mon devoir de venir au secours des payens ou non? Car pour l'honneur du christianisme et de l'humanité que je respecte en eux, je ne crois pas qu'ils voyent avec indifférence un si grand nombre de leurs frères

vivre sans Dieu et sans espérance dans le monde; leur dégradation morale et cette absence presque totale de tous sentiments nobles et humains en eux; ces austérités révoltantes; ces femmes asservies sous un joug conjugal, injuste et cruel, outragées, désespérées, se précipitant pour dernière ressource dans les bras de la mort. Et, chers amis, de quelle valeur sont toutes vos objections en présence de ces faits effroyables? Peuvent-elles être de nature à vous dispenser au secours de ces malheureux? Examinez-les, je vous en prie, à la lumière de cette révélation sainte que nous possédons, et devant le tribunal de cette conscience et de cette humanité dont vous êtes honorés, et vous trouverez qu'elles sont plus légères que la vanité même. Le commandement de notre maître, d'aller annoncer l'Évangile à toute créature, s'adresse à nous aussi bien que ses autres préceptes de veiller et de prier, de se garder de l'avarice, qu'il n'a donnés qu'à ses disciples. Tous les chrétiens par ce commandement sont sous l'obligation de prendre part à l'œuvre de la conversion des payens. La pauvreté ne nous dispense pas de ce devoir: Le plus pauvre peut toujours offrir ses prières en leur faveur; et celui qui est dans des circonstances plus aisées doit offrir ses prières et ses dons. Il est vrai qu'il est appelé à assister ses compatriotes qui sont dans le besoin, et je suis bien éloigné de vouloir le détourner de ce devoir sacré. Mais les payens sont aussi nos frères, le Seigneur nous commande de venir à leur aide, à quoi leur misère aussi nous sollicite, qui est sous tous les rapports mille fois plus grande que celle de ceux qui sont favorisés d'une révélation divine. Il est donc de notre devoir de faire l'un sans négliger l'autre; et si nous nous laissons animer par cet esprit de charité qui porta le Sauveur à quitter le trône de sa gloire pour venir dans ces bas lieux chercher et sauver ce qui était perdu, nous verrons que les moyens d'accomplir ces devoirs ne nous manqueront pas. Alors, coopérant pour ainsi dire avec lui à la grande et sainte œuvre de la régénération du monde, nous aurons droit aussi de nous réjouir des grandes choses qu'il accomplit de nos jours parmi les payens, et nous n'aurons pas à nous reprocher d'avoir refusé à notre frère, qui périssait dans les ténèbres de l'idolatrie, les secours que nous aurions pu lui donner.

www.ingramcontent.com/pod-product-compliance
Ingram Content Group UK Ltd.
Pitfield, Milton Keynes, MK11 3LW, UK
UKHW020227220726
13923UKWH00002B/547